TAKE
A BREAK

TAKE
A BREAK

STARTKLAR FÜR
SABBATICAL,
WELTREISE ODER
GAP YEAR

Sara van Geloven

Aus dem Niederländischen von Janine Malz

KNESEBECK

In diesem Buch wird zur Vereinfachung einheitlich die generisch männliche Form verwendet, gemeint sind aber immer alle Geschlechter.

IMPRESSUM

Titel der Originalausgabe:
Take a Break – Alles voor jouw ultieme Wereldreis, Sabbatical of Tussenjaar
Erschienen bei Kosmos Uitgevers, Niederlande
Copyright © 2019

Text © Sara van Geloven / Kosmos Uitgevers
Layout: Femke den Hertog

Deutsche Erstausgabe
Copyright © 2021 von dem Knesebeck GmbH & Co. Verlag KG, München
Ein Unternehmen der Média-Participations

Projektleitung: Anja Sommerfeld, Knesebeck Verlag
Übersetzung: Janine Malz, München
Lektorat: Franziska Sorgenfrei, Augsburg
Umschlaggestaltung: Fabian Arnet, Knesebeck Verlag
Satz und Herstellung: Arnold & Domnick, Leipzig
Druck: Graspo CZ, a.s.
Printed in Czech Republic

ISBN 978-3-95728-465-5

www.knesebeck-verlag.de

INHALT

WESHALB ES EINE GUTE IDEE IST, FÜR LÄNGERE ZEIT ZU VERREISEN

Wie wir Reisen wahrnehmen, hat sich durch die Coronakrise mit Sicherheit verändert. Ich habe einmal mehr gelernt, dass Reisen alles andere als selbstverständlich ist – es ist ein Privileg. Aber auch ich bin jetzt schon am Planen und Vorbereiten, um mich so bald wie möglich wieder auf zu neuen Ufern zu machen. Denn eine lange Reise zu unternehmen bleibt für mich nach wie vor eine der allerschönsten Sachen der Welt.

Bei einem Sabbatical, einer Weltreise oder einem Gap Year kannst du Kraft tanken, Dinge in Perspektive rücken und Erkenntnisse erlangen, von denen du ein Leben lang zehren wirst. Eine längere Reise hält alle positiven Effekte eines Urlaubs bereit, aber noch so viel mehr.

Wenn man eine längere Zeit im Ausland lebt – ob für ein paar Monate oder ein ganzes Jahr –, kann man völlig in die andere Kultur eintauchen. Man lernt zu essen wie die Locals, zu reden wie die Locals und das Allerschönste: zu leben wie die Locals. Zu Hause ordnet sich oft alles dem Wettbewerb unter, möglichst viel im Leben zu erreichen. Das Hamsterrad läuft ununterbrochen: Schule, Studium, Karriere, Rente und oh, das war's dann. Durch einen Auslandsaufenthalt kann man sich mal für eine Weile aus diesem Wettkampf rausnehmen und erfahren, wie Menschen anderswo leben. Was dir das bringt? Wenn du über andere Kulturen staunst, Erfahrungen machst, die dir daheim nicht möglich gewesen wären, und Menschen aus aller Welt kennenlernst, öffnet dir das die Augen und du lernst nicht nur die Welt besser kennen, sondern auch dich selbst.

Heißt das, dass für eine längere Reise dein Studium oder deine Karriere pausieren muss? Ja. Ist das so schlimm? Nein. Denn die Alternative ist: jahrelang auf die Rente warten und wenn es dann so weit ist, mit ein bisschen Pech feststellen, dass du nicht mehr fit genug bist, um all die tollen Dinge zu unternehmen, auf die du dein ganzes Leben lang hingespart hast. Der richtige Zeitpunkt für eine längere Reise ist jetzt, wenn du in der Blüte deines Lebens stehst, alles in vollen Zügen genießen kannst und du von den Erkenntnissen, die du auf Reisen gewinnst, ein Leben lang profitieren wirst.

Noch nicht überzeugt? Denkst du: »Klingt super, aber dafür habe ich keine Zeit, ganz zu schweigen vom Geld.«? Oder macht es dir Angst, deine vertraute Umgebung zu verlassen? Keine Sorge, dasselbe dachten die 17 Reisenden, die ich für dieses Buch interviewt habe, auch. Doch es ist ihnen gelungen, ihren Traum zu verwirklichen und sie würden diese Erfahrung nicht mehr missen wollen – ich übrigens auch nicht.

MEINE AUSLANDSAUFENTHALTE

Als ich zwanzig Jahre alt war – also vor gut zehn Jahren –, ging ich zum ersten Mal für längere Zeit ins Ausland. Ich hatte bis dahin mein ganzes Leben in Groningen in den Niederlanden verbracht, meine besten Freundinnen kannte ich aus Sandkastentagen. Ich war bei meiner alleinerziehenden Mutter aufgewachsen. Wir hatten zwar relativ wenig Geld, zumindest für niederländische Verhältnisse, aber meine kleine Welt war behaglich.

Doch hatte ich eine unbestimmte Sehnsucht in mir. Ich las Bücher, um in andere Welten einzutauchen, und war fasziniert von der großen Holzkiste im Wohnzimmer voller Dias von der Reise durch Nordafrika, die meine Mutter unternommen hatte, bevor ich auf die Welt kam. Als sich die Gelegenheit ergab, im Ausland zu studieren, ergriff ich sie mit beiden Händen. Ich hatte keine Ahnung, was mich erwarten und wie sehr ich aus meiner Komfortzone gerissen werden würde, aber ich wusste, dass ich alles tun würde, um das Geld dafür zusammenzubekommen. Die vier Monate, die ich dann in Liverpool studierte und auf dem Campus zusammen mit Menschen aus aller Welt wohnte, wurden schließlich zur besten Erfahrung meines Lebens. Ich kam zurück mit mehr Selbstbewusstsein, neuen Erkenntnissen und dem Drang, wieder wegzufahren. Deshalb brach ich zwei Jahre später noch einmal auf, diesmal für ein halbes Jahr nach New York. Diese zwei Erlebnisse waren so viel mehr als nur eine willkommene Auszeit, ich habe mich dabei ins Reisen verliebt und verdanke ihnen nicht nur viele weitere Traumreisen, sondern auch meine Karriere als Reisejournalistin.

FÜR WEN DIESES BUCH GEDACHT IST

Dieses Buch ist für alle Träumer, die einen kleinen Anschubs benötigen. Du möchtest mal raus, weißt aber nicht so recht, wohin? Oder weißt du vielleicht bereits, wie du dein Gap Year, deine Weltreise oder dein Sabbatical verbringen willst, aber hast keine Ahnung, wo du anfangen sollst, um deinen Traum zu verwirklichen? Ich zeige dir, wie du die perfekte Auszeit im Ausland innerhalb eines Jahres realisieren kannst.

Dieses Buch ist in vier Teile untergliedert. Im ersten geht es um die Frage, wie du deine Auszeit füllen möchtest: Willst du eine Rundreise machen, als Backpacker unterwegs sein, arbeiten oder etwas Neues lernen? Wir werden alle Optionen anschauen, inklusive Kostenaufstellung und Beispielen. Im zweiten Teil entscheidest du, wohin es geht. Für jeden Kontinent stelle ich die schönsten Ziele vor und skizziere ein paar mögliche Reiserouten. Im dritten Teil erfährst du, wie du dich innerhalb eines Jahres optimal auf die Reise vorbereitest, indem du einen Sparplan erstellst (und auch einhältst) und entscheidest, wie du reisen willst. Teil vier beschäftigt sich mit den Herausforderungen, die dir beim Reisen begegnen können, wie du deine Erlebnisse festhältst und – nicht unwichtig – wie du dich nach deiner Rückkehr wieder erdest.

Ich hoffe, dieses Buch inspiriert dich dazu, die Reise deines Lebens zu unternehmen! Das ist das schönste Geschenk, das du dir machen kannst. Ehrenwort.

#takeabreakhetboek & **#takeabreakdasbuch** – Ich bin total gespannt, wie du das Buch findest, ob du die Reise unternommen hast und auf deine Tipps für einen Auslandsaufenthalt. Teil deine Erfahrungen auf den Social-Media-Kanälen und tagge @saravangeloven. Gute und sichere Reise!

SO ÜBERZEUGST DU DEINE / N CHEF, FAMILIE & PARTNER

Mit diesen Argumenten hält dich niemand mehr davon ab, deinen Traum zu verwirklichen.

// Ein europäischer Pass ist Gold wert: In zahlreiche Länder kann man ohne Visum einreisen.

// Beim Reisen entwickelt man neue Fähigkeiten und lernt, mit Rückschlägen umzugehen.

// Studierende mit Auslandserfahrung finden schneller einen guten Job und sind später auch glücklicher in diesem Beruf.

// Während des Reisens begegnet man Menschen aus aller Welt und baut ein internationales Netzwerk auf, auf das man immer wieder zurückgreifen kann.

// Reisen und Tourismus bilden eine der größten Branchen der Welt. Hier bietet sich eine unglaubliche Vielfalt an Karrieremöglichkeiten.

// Menschen, die im Ausland gelebt haben, sind besser darin, kreative Lösungen zu finden.

// Den Kontakt nach Hause zu halten, ist in Zeiten von Messenger-Diensten und Internet-Telefonie so einfach wie noch nie.

// Wer reist, sieht seine eigene Kultur mit neuen Augen und ist dankbar für Dinge, die im eigenen Land oft selbstverständlich sind.

// Menschen, die sich ein Jahr Auszeit nehmen, sind später oft erfolgreicher.

// Kurzum: Du wirst ein besserer Mensch und ein besserer Arbeitnehmer – worauf wartest du noch?

TEIL 1

WAS WILLST DU MACHEN?

KAPITEL 1
RUNDREISEN & BACKPACKEN

Vor mir schlängelt sich ein Sandpfad den dampfenden Hang hinab, hinter mir schmilzt ein Schneehaufen in der glühenden Sommerhitze. »Ich bin völlig k. o.«, seufzt Christina, eine fröhliche Dänin, mit der ich das letzte Stück des »Tongariro Alpine Crossing«-Wanderwegs auf der Nordinsel von Neuseeland gehe. »Meine Beine sind schwer wie Blei!«

Christina und ich haben uns am höchsten Punkt der beliebten Tageswanderung kennengelernt, als wir uns beide im Schatten des spektakulären Vulkans ausruhten, der als Schicksalsberg in der Herr-der-Ringe-Filmreihe zu sehen war. Wir kamen ins Gespräch und beschlossen, den Abstieg gemeinsam anzugehen, eine Wanderung von ungefähr vier Stunden entlang türkis- bis smaragdgrüner Seen und durch dichten Dschungel. Wir erzählen uns von unseren Erfahrungen als Alleinreisende, und so vergeht die Zeit wie im Flug.

Nach einer achtstündigen Wanderung durch eine marsähnliche Landschaft kommen wir erschöpft am Treffpunkt der Shuttlebusse an, die uns zurück nach Taupo bringen. Christina übernachtet woanders, wir haben uns für heute Abend in ihrem Hostel verabredet, da es dort einen Whirlpool gibt. Wieder zurück in meinem Hostel trinke ich mit einem Brasilianer, einem Amerikaner und einem Niederländer, die ebenfalls den Tongariro bestiegen haben, ein wohlverdientes Bier in der Küche. Wir verstehen uns sofort prima, als wir von unseren schmerzenden Füßen, Knien und Hintern berichten, während in der Ferne die Sonne über dem Lake Taupo untergeht. Ich nehme meine neuen Freunde mit zu Christina, wo wir uns zu fünft in den Outdoor-Whirlpool zwängen und dankbar unsere schmerzenden Gliedmaße in das heiße, blubbernde Wasser tauchen. Unser Blick fällt auf einen atemberaubenden Sternenhimmel.

BACKPACKEN

Eine Backpackertour ist eine der einfachsten und schönsten Möglichkeiten, eine längere Reise zu verbringen. Nach der Schule ist es fast schon ein Übergangsritual: Man schnallt sich mit wenig Geld in der Tasche und ohne klares Ziel vor Augen den Rucksack um und zieht los. Meine erste Solo-Backpackerreise nach Neuseeland machte ich, als ich bereits arbeitete und deshalb nicht monatelang wegkonnte. Aber man kann eine Rucksackreise natürlich so lang und ausgefallen gestalten, wie man will.

Der klassische Backpacker übernachtet in Hostels. Das sind Herbergen, in denen man zu günstigen Preisen (in Asien ein paar Euro pro Nacht, in Ozeanien etwa fünfmal so viel) in einem Schlafsaal übernachten kann und wo oft auch ein Gemeinschaftsraum und eine Küche zur Verfügung stehen. Wenn man allein reist, ist so ein Hostel der ideale Ort, um Mitreisende kennenzulernen. Wenn dir die Vorstellung, mit anderen Leuten in einem Schlafsaal zu übernachten, nicht zusagt, bekommst du für einen Aufpreis oft auch ein Einzelzimmer.

Sich mit Fremden anzufreunden, ist im Hostel an der Tagesordnung – schnapp dir eine Flasche Wein, teil ein paar Gläser aus und du wirst sehen: Mehr braucht man nicht, um ins Gespräch zu kommen. In einigen Hostels werden auch kostenlose City Tours (Stadtführungen) oder Pub Crawls (Kneipentouren) angeboten, was sehr praktisch ist, um auf einen Schlag neue Orte und neue Leute kennenzulernen.

Bei einer Backpackerreise geht es vor allem darum, die Gegend zu erkunden. Es warten jede Menge Angebote auf dich: ein Tauchkurs in Thailand, eine Wandertour zum Machu Picchu in Peru oder ein Segeltörn zu den Whitsunday Islands in Australien. Die Kosten für solche Aktivitäten können sich ganz schön läppern. Überleg dir deshalb gut, ob du dafür vorher Geld beiseitelegen und bei welchen Dingen du dich während deiner Reise einschränken kannst (siehe Kapitel 12). Du kannst dir natürlich unterwegs auch etwas dazuverdienen. Fühlst du dich in deinem Hostel besonders wohl, gibt es oft die Möglichkeit, ein paar Stunden pro Tag den Dienst an der Rezeption zu übernehmen im Gegenzug für freie Kost und Logis. Mehr zum Thema »Work & Travel« findest du in Kapitel 3.

RUND UM DIE WELT

Ein Trick, um die Kosten überschaubar zu halten, ist es, ein teures Reiseziel wie Australien mit einem günstigen Reiseziel wie Malaysia oder Vietnam zu verbinden. Das heißt nicht, dass unbedingt Mehrkosten für Flugtickets auf dich zukommen, die meist den Großteil der Ausgaben bei einer Backpackerreise darstellen. Bei einem Flug nach Australien hast du nämlich immer einen Zwischenstopp in Asien. Mit etwas Glück lassen sich deine Tickets so kombinieren, dass du zwei Länder zum Preis von einem besuchen kannst.

Willst du mehr als zwei Länder kombinieren, kann sich ein Around-the-World-Ticket lohnen. Organisationen wie Kilroy bieten solche Tickets an, bei denen du mehrere Flüge und Länder für eine Reise um die Welt verbinden kannst (siehe Seite 203). Recherchiere aber immer im Vorfeld, ob es nicht vielleicht doch günstiger ist, einzelne Flüge zu buchen. Hast du dich aber für ein bestimmtes Land entschieden und möchtest dich dort länger aufhalten, suche nach langfristigeren Übernachtungsoptionen: Eine Ferienwohnung (z. B. über Airbnb) für einen längeren Zeitraum zu buchen, ist oft günstiger. An Orten wie Bali bekommt man schon für wenig mehr als 100 Euro pro Woche spektakuläre Unterkünfte wie eine Villa mit Swimmingpool. Zum Vergleich: In Neuseeland bezahlt man denselben Preis für eine Woche im Schlafsaal eines Hostels.

REISETEMPO

Bei einer Backpackerreise neigt man dazu, alle Highlights der Region sehen zu wollen – vor allem wenn man mehrere Länder besucht und insofern nur begrenzt Zeit hat. An sich logisch: Wenn man schon ans andere Ende der Welt fährt, so wie ich damals nach Neuseeland, will man wenigstens die Top-Sehenswürdigkeiten des Landes abhaken. Wer weiß, wann man noch mal hinkommt? Dennoch möchte ich dir ans Herz legen, nicht kopflos von einem Ort zum anderen zu hetzen. Leg immer auch reisefreie Tage ein und verweile an manchen Orten eine Nacht länger. Oft hast du erst dann die nötige Ruhe, um einen Ort nicht nur zu besichtigen, sondern auch wirklich zu erleben. Anstatt in einem Restaurant in Buenos Aires ein Steak hinunterzuschlingen und gleich weiterzuhetzen, solltest du dir lieber eine Stunde Zeit nehmen, um auf der Terrasse in der Sonne zu relaxen mit einem Gläschen rubinrotem Malbec in der Hand. So erlebst du Momente, an die du dich noch Jahre später erinnern wirst – etwa eine spontane Tangoeinlage oder das Gespräch mit einem Einheimischen, der jeden Tag herkommt, um sich auf der Terrasse ein Glas Wein zu genehmigen.

ÜBERS BACKPACKEN HINAUSDENKEN

Backpacken ist natürlich längst nicht die einzige Art, auf die man längere Reisen unternehmen kann. Wenn du über ein großzügigeres Budget verfügst, kannst du auch Boutique-Hotels oder Lodges buchen. Ist deine Reisekasse hingegen eher klein und du bist eh gerne draußen, kannst du auch

EIN HOMESTAY IST EINE TOLLE GELEGENHEIT, UM DIE LOKALE KULTUR HAUTNAH ZU ERLEBEN

mit dem Zelt losziehen – mit dem Zug, dem Fahrrad oder einfach zu Fuß. In manchen Ländern ist wildes Kampieren erlaubt (etwa in Norwegen und Schweden), in den meisten anderen findet man nahezu überall Campingplätze, die noch ein Stück günstiger sind als Hostels.

Wenn du keine Lust hast, ein Zelt mitzuschleppen, gibt es für Wanderer auf längeren Routen auch Hütten, in denen du für wenig Geld unterkommst. Dabei solltest du aber bedenken, dass es dort mitunter keinen Strom und keine Toiletten oder Duschen gibt. Diese Option solltest du daher nur wählen, wenn dir reisen mit wenig Komfort nichts ausmacht. In privaten Haushalten unterzukommen, ist auch eine schöne Alternative. Über Plattformen wie Couchsurfing bieten Menschen eine Couch (oder ein Bett) an, auf der man gratis übernachten kann. Wenn du ein halbes Jahr vor Reiseantritt anderen deine Couch zur Verfügung stellst, hast du schnell viele Adressen von Leuten aus aller Welt, die dir einen Schlafplatz bei ihnen anbieten (siehe auch das Interview mit Charlotte auf Seite 122). Für einen Homestay bezahlt man dagegen etwas, aber nicht viel: Für einen kleinen Obolus schläfst du bei einer einheimischen Familie und isst oft auch mit ihnen zusammen. Eine tolle Gelegenheit, um die Kultur hautnah zu erleben und zum Einkommen der lokalen Bevölkerung beizutragen – die an den großen Hotelketten wenig verdient.

#VANLIFE
Liebst du das Abenteuer und die Unabhängigkeit? Dann beschert eine Rundreise mit einem eigenen Auto das ultimative Gefühl von Freiheit. In den letzten Jahren erfreuen sich Roadtrips mit einem Camper – #vanlife – immer

größerer Beliebtheit. Man findet online allerlei Informationen zu diesem Thema. Für manche ist es sogar ein eigener Lebensstil. Bevor du nun aber dein gesamtes Hab und Gut verkaufst, um fortan in einem Kleinbus zu leben, ist es ratsam, diesen Lifestyle ein, zwei Monate auszuprobieren. Ein Road-trip mit einem Vintage-VW-Bus war für mich immer das Größte, bis ich es in England probierte und feststellen musste, dass so ein Auto bergauf gerade um die 40 km/h schafft und unendlich viel Benzin schluckt. Das nächste Mal entscheide ich mich für einen etwas weniger coolen, aber komfortableren neuen Van – vielleicht sogar einen mit Elektromotor.

19

In Ländern wie Neuseeland und Kanada ist es absolut üblich, in einem Mietwagen durch die Gegend zu fahren und unterwegs auf Camping- oder sogar Parkplätzen zu übernachten, wenn man ganz günstig reisen will. Plant man dagegen eine Rundreise, die mehr als ein paar Wochen dauert, kann es sich anbieten, einen Gebrauchtwagen vor Ort anzuschaffen und diesen vor der Rückreise wieder an andere Reisende zu verkaufen.

Bist du hingegen eine Wasserratte, gibt es auch die Möglichkeit, auf einem Segelboot oder einer Jacht anzuheuern. Viele Segelboot-Crews suchen nach Aushilfen für eine transatlantische oder transpazifische Überfahrt – allerdings ist hierfür Segelerfahrung erforderlich. Mit einem eigenen Boot über die Meere zu schippern, ist natürlich ein Traum – lies dazu auf Seite 134 alles über Joshuas Weltreise mit seinem Segelboot namens Hope.

AUF SEITE 202 FINDEST DU EINE LISTE MIT PRAKTISCHEN WEBSITES.

DON'T BE A JERK

**Ich komme nicht drumrum: Reisen hat einen negativen
CO_2-Effekt. Zum Glück kann man mit einer Reise auch
Positives bewirken. Hier Tipps dazu.**

// Wähle eine **lokale Unterkunft**:
Homestays sind super, Airbnb nur
dann, wenn ein ganzes Haus vermietet wird und nicht eine einzelne
Wohnung, die nur zu diesem Zweck
angemietet wurde (vor allem in
Städten, die von Massentourismus
betroffen sind, wie Barcelona). Frag
bei deiner Unterkunft nach, ob die
Bevölkerung von der Übernachtung
profitiert, und meide Ketten, bei
denen das nicht der Fall ist. Pass bei
Öko-Lodges auf, dass es sich nicht
um Greenwashing handelt – wenn ein
Anbieter sich als nachhaltig ausgibt,
muss er auch entsprechende Zertifikate vorzeigen können. Dasselbe
gilt auch für Aktivitäten vor Ort.

// **Direktflüge** erzeugen weniger
CO_2, als wenn du Zwischenstopps
einlegst. Zu Fuß gehen und Fahrrad fahren sind in dieser Hinsicht mit
Abstand das Beste, Züge und Busse
landen auf Platz zwei. Entscheidest
du dich für eine Reise mit dem Auto,
dann unternimm deinen Roadtrip
möglichst mit mehreren Menschen.

// Du kannst deine **CO_2-Emissionen
über Organisationen wie South Pole**
(siehe auch Seite 203) kompensieren, bei denen du ein nachhaltiges
Energieprojekt mit einer Spende
unterstützt. Zum Beispiel Projekte zur
Verbreitung von effizienten Kochstellen in Ländern, in denen noch auf offenem Feuer gekocht wird, oder zur
Wiederaufforstung in Gebieten, die
stark von Abholzung betroffen sind.

// **Wirf keinen Müll auf die Straße
und verschwende kein kostbares
Wasser**, indem du beim Zähneputzen das Wasser laufen lässt oder
lange duschst.

// **Begegne Mensch und Tier mit
Respekt.** Frag immer erst höflich,
bevor du ein Foto machst, beachte
lokale Bräuche und Traditionen und
nimm nicht an Aktivitäten teil, bei
denen Tiere schlecht behandelt werden. Eine Faustregel: Bietet jemand
an, echte Wildtiere anzufassen,
handelt es sich wahrscheinlich um
eine fragwürdige Organisation.

LIESBETH RASKER (31) ist Journalistin und Bloggerin. Über ihre Reisen hat sie zwei Bücher geschrieben. Während des Studiums trat sie ihre erste Weltreise an. Erste Station: die Mongolei. **@liesbethrasker | bagtoreality.com**

Erzähl von der Mongolei! »Das war schon immer mein Traum: mit dem Pferd über die weiten Ebenen reiten, den Wind im Haar … Ich war 24 und hatte zwei Monate frei. Zuvor war ich nie wirklich gereist. Ich habe damals bei der Zeitschrift *Elle* gejobbt und war ein echtes Modepüppchen. Da ich die Zeit hatte, beschloss ich durch die Mongolei nach China, nach Neuseeland und über die Cook Islands nach San Francisco zu reisen.«

Wie waren die ersten Tage? »Schwer, weil ich die Mongolei so romantisiert hatte. Ich wollte eine längere Wander-Reit-Tour mit nur einem Führer machen, nicht in der Gruppe. Mir war nicht bewusst, dass ich acht Stunden pro Tag auf einem Pferd sitzen würde, ohne mit jemandem reden oder etwas anschauen zu können. Die Mongolei ist eine einzige weite Fläche – das Land ist fünfmal so groß wie Deutschland, hatte damals aber nur zwei Millionen Einwohner, davon lebte eine Million in der Hauptstadt. Mein Führer schwieg

6000 EURO FÜR ZWEI MONATE?! GEHT'S NOCH?

die ganze Zeit. Die ersten Tage war ich daher todunglücklich. Aber ich dachte: ›Halte durch, das wird schon.‹ Ein paar Tage später wurde es doch noch nett. Am Ende der Wanderung wusste ich: Jetzt kann mich nichts mehr schrecken. China, ich komme!«

Was war dein schönstes Erlebnis in der Mongolei? »Am letzten Tag war ich echt kaputt. Ich hatte fiesen Sonnenbrand, alles tat mir weh. Wir kamen in ein Dorf und an einer gelben Hauswand standen die Worte ›Cold Beer‹ geschrieben mit einem Pfeil daneben. Also stieg ich ab und kaufte mir ein Bier, dann setzte ich mich im Sonnenuntergang auf eine Bank und weinte vor Freude. Das war die reinste Form von Glück. Dieses Erlebnis nenne ich immer noch ›die Bank‹, dieses überwältigende Hochgefühl aus einer Mischung von Müdigkeit, Schmerz und Glück. Solche mentalen Bänke suche ich bei Reisen immer auf.«

Wie findet man so eine Bank? »Das überkommt einen einfach. Ich habe mal eine Reise erlebt, bei der es nicht so gut lief. Damals dachte ich ständig: ›Ich muss die Bank finden.‹ Aber man kann es nicht erzwingen. Es ist ein Gefühl, das sich von alleine einstellt. In Florenz hatte ich mal so Lust auf ein Glas Wein in der Abendsonne, aber ich konnte keine Terrasse finden. Also dachte ich: ›Lass es bleiben.‹ Nach der nächsten Ecke lag vor mir der schönste Platz, den ich je gesehen hatte, mit einer Terrasse und einem Stuhl mitten in der Sonne.«

Was hat dir deine erste lange Reise gebracht? »Ich bin dadurch ein anderer Mensch geworden. Vor meiner Reise war ich eine kleine Prinzessin, dann habe ich zwei Monate lang in schäbigen Hostels auf dem Boden gesessen und Bier getrunken, unter den unmöglichsten Umständen geschlafen und trotzdem fand ich es supertoll. Früher war ich auch unsicherer. Wenn ich meine alten Tagebücher lese, merke ich, dass ich wenig Selbstbewusstsein hatte. Meine Reise war ein echter Wendepunkt. Wenn man merkt, dass man allein zurechtkommt, stärkt einen das ungemein.«

Wie hoch war dein Reisebudget und wie hast du das Geld aufgetrieben?
»Meine Oma war ein Jahr vor meiner Reise verstorben und hatte allen Enkeln ein paar tausend Euro hinterlassen. Insofern musste ich nicht sparen. Es war die teuerste Reise, die ich bislang unternommen hatte: Mein Mongolei-Trip kostete mich 2000 Euro und die gesamte Reise 6000 Euro. Inzwischen habe ich gelernt, dass es auch günstiger geht. Letztes Jahr hab ich für zweieinhalb Monate eine Low-Budget-Reise durch Indonesien, Malaysia und Thailand unternommen, die mich gerade mal 2200 Euro kostete. Ich habe in Hostels geschlafen und wenige organisierte Touren unternommen. Stattdessen bin ich auf eigene Faust mit dem Bus oder einem Mietroller zu den Tempeln gefahren. Wenn ich da an meine erste Reise zurückdenke: 6000 Euro für zwei Monate?! Geht's noch?«

Mit was für Gepäck reist du? »In Asien war ich noch mit einem 36-Liter-Rucksack unterwegs, meistens habe ich aber nur Handgepäck. Gerade auf längeren Reisen sollte man wenig mitnehmen. Je länger man unterwegs ist, desto länger muss man den Rucksack tragen. Und glaub mir: Irgendwann ist man es leid, das Ding herumzuschleppen.«

Was hast du über die Welt gelernt? »Dass der Mensch im Grunde gut ist. Allein zu reisen, gilt ja als gefährlich, vor allem als Frau. Aber meine Erfahrung ist: Auch wenn es überall Arschlöcher gibt, die meisten Leute meinen es gut. Wenn man der Welt respektvoll, interessiert und neugierig begegnet, dann wird man auch so empfangen.«

Hast du noch einen Tipp? »Hab keine Angst davor, früher nach Hause zu fahren. Wolltest du ein Jahr auf Weltreise gehen, hast aber nach neun Monaten keine Lust mehr, dann gesteh dir das ein. Man hat deswegen nicht versagt. Noch ein Tipp: Fange mit dem Sparen schon daheim an. Ich kaufe zum Beispiel kaum noch Klamotten: Mit den 50 Euro für eine schicke Bluse kann ich auch eine Woche lang in einem Hostel übernachten.«

KAPITEL 2
REISEN & LERNEN

In der Küche mit Blick auf den Campus der Universität Liverpool herrscht Hochbetrieb. Ich stehe am Herd, um Pfannkuchen zu machen, während Sam aus Kalifornien neben mir für ihre berühmte Guacamole eine Zwiebel hackt. Am Tisch schenken meine Mitbewohner selbst gemachte Sangria aus – nach dem Rezept unseres katalanischen Freundes Carles. Gleich sind wir bei englischen Freunden zu einem Potluck eingeladen – ein Fest, bei dem jeder etwas zu essen oder zu trinken mitbringt.

Unser Freundeskreis besteht aus etwa zwanzig internationalen Studenten. Es ist also kaum überraschend, dass am Ende ein Büfett mit Speisen aus aller Welt bereitsteht: Über einer Pfanne Paella steigt Safranduft auf, daneben liegt geschnittenes Baguette mit dampfendem Backcamembert, es gibt Mac'n'Cheese (Makkaroni mit Käse), finnische Lachssuppe, frisches Sushi, gefüllte Weinblätter aus Bulgarien und einen brasilianischen Eintopf. Daneben steht ein Tischchen mit Nachspeisen bereit: italienisches Tiramisù, Crêpes, Pavlova mit Beeren und Dutzende Kuchen und Tartes. Für die meisten von uns, die sich normalerweise nach der Uni ein Mikrowellengericht reinschieben, ein wahres Festmahl. Außerdem ist es eine gute Grundlage für später, weil wir uns mit einer Gruppe von Leuten verabredet haben, um endlich den legendären Cavern Club zu besuchen.

In dem höhlenartigen Kellerclub (daher der Name), der Geburtsstätte der Beatles, spielt eine Band Hey Jude, Love Me Do und Come Together. Auf der Tanzfläche mischen sich Einheimische und Touristen und nach ein paar Pints Magners verschwimmt der Abend. Und doch muss ich grinsen, als sich am nächsten Tag im Kurs, der viel zu früh beginnt, meine amerikanische Mitbewohnerin Kerri zu mir rüberbeugt und flüstert: »Heute Abend ist eine Party im X-Block. Du kommst doch, oder?«

EINEN KURS ZU BESUCHEN, IST DER IDEALE WEG, UM MEHR AUS DEINER REISE HERAUSZUHOLEN

STUDY ABROAD

Findest du Reisen ohne konkretes Ziel zu gewagt oder machst du dir Sorgen um eine Lücke im Lebenslauf? Dann bietet es sich an, im Ausland zu studieren oder auch nur einen Kurs zu besuchen. So kehrst du nicht nur mit neuem Wissen von deiner Reise zurück, sondern konntest zudem in eine fremde Kultur eintauchen. Du hast unter Einheimischen, in einer Gegend außerhalb der Touristen-Hotspots gewohnt und in Lokalen gegessen, in denen authentische Gerichte serviert werden. Außerdem hast du den Lebensrhythmus vor Ort wirklich erlebt. Und vielleicht das Schönste daran: Du hast in kürzester Zeit Freunde gefunden.

   Wenn du gerade das Abi hinter dir hast oder schon studierst, ist der einfachste Weg ins Ausland der, dich an einer Uni dort einzuschreiben. Dafür gibt es spezielle Austauschprogramme. Entscheidest du dich für eine Summer School, kannst du für ein paar Wochen im Sommer als Gasthörer Kurse an einer Hochschule im Ausland besuchen. Einige Programme sind speziell darauf ausgerichtet, die Sprachkenntnisse auszubauen. Das ist ideal, wenn du etwa dein Englisch aufpolieren willst. Möchtest du ein ganzes Semester im Ausland verbringen, solltest du dich an deiner Heimatuni informieren, welche Möglichkeiten angeboten werden. Oft gibt es ein Study-Abroad-Programm oder ein Austauschprogramm mit anderen Hochschulen. Das Bekannteste bei uns ist wohl das Erasmus-Programm, das Studierenden mit einem Stipendium ermöglicht, im EU-Ausland zu studieren. Neunzig Prozent der europäischen Universitäten beteiligen sich daran, und dank des internationalen Punktvergabesystems kannst du dir Kurse, die du an der Partneruni besuchst, für dein Studium anrechnen lassen. Außerdem bleibst

du an deiner Heimatuni eingeschrieben und bezahlst ganz normal deinen Semesterbeitrag weiter, ohne hohe Studiengebühren in anderen Ländern bezahlen zu müssen. So konnte ich mit dem Erasmus-Stipendium vier Monate lang an der Universität Liverpool studieren, die sonst sehr teuer ist. Ich bekam monatlich etwas Geld überwiesen und musste eigentlich nur für die Zimmermiete noch ein wenig zuschießen; die täglichen Lebenshaltungskosten liegen in England ein klein wenig über denen in meiner Heimat, den Niederlanden.

EINEN SPRACHKURS BESUCHEN

Der einzige Nachteil beim Studieren im Ausland ist, dass man an einem Ort festsitzt. Natürlich kann man am Wochenende Ausflüge unternehmen – so besuchte ich Manchester, Glasgow und den Lake District –, aber richtig viel vom Land sehen wird schwierig, wenn man regelmäßig im Hörsaal sitzt und abends noch Essays schreiben muss. Entscheidest du dich dagegen für einen Sprachkurs, bist du freier, um auf eigene Faust loszuziehen. Bei vielen Sprachschulen hat man nur vormittags Unterricht, sodass du jeden Nachmittag Zeit hast, um die Kultur aufzusaugen und die Gegend zu erkunden. Auch ist die Länge der Kurse ganz unterschiedlich. Je nachdem kannst du erst einen Sprachkurs besuchen und danach noch eine Weile herumreisen, um deine neu gewonnenen Kenntnisse gleich in der Praxis auszutesten.

Sprachkurse gibt es in allen Größen und Varianten, aber eines haben sie gemeinsam: Günstig sind sie nicht gerade. Überleg dir deshalb gut, welche Schule du dafür wählst. Hast du ein kleines Budget und bist auf der Suche nach einem Spanischkurs, schau auch mal bei Schulen in Südamerika. Willst du für deinen Italienischkurs nach Italien, ist es in Dörfern oder kleineren Städten mitunter günstiger als in Rom oder Venedig. Die meisten Sprachschulen bieten nach Abschluss des Kurses ein Zertifikat an, aber längst nicht alle werden international anerkannt. Ist dir für deinen Lebenslauf wichtig, ein anerkanntes Sprachzertifikat zu haben, such eine zertifizierte Schule aus.

TANGO, YOGA, SURFEN LERNEN UND MEHR

Bist du bereits berufstätig und hast etwas mehr Geld zur Verfügung, ist ein Kurs im Ausland eine ideale Möglichkeit, einiges aus einer Reise herauszuholen. Jedes Land und jede Kultur haben besondere Traditionen, die womöglich hervorragend zu deinen Interessen passen. Du kochst für dein Leben gern? Dann lern in Thailand, wie man authentische Currys zubereitet, oder entdecke in Mexiko, dass dort bis heute nach alten Maya-Rezepten gekocht wird. Ist Zeichnen mehr dein Ding? Dann erlerne die Kunst der Kalligrafie in Tokyo oder belege einen Malkurs in der Provence und stell dich mit der Farbpalette in die Lavendelfelder. Oder lieber was Sportliches? Dann kannst du Yoga- und Meditationskurse in einem Ashram in Indien besuchen oder in den relaxten Dörfern an der Pazifikküste von Costa Rica Surfen lernen. Egal worauf du Lust hast, bestimmt wartet in irgendeinem Winkel der Erde der richtige Kurs auf dich.

Genau wie bei Sprachkursen gibt es Schulen in unterschiedlichen Preisklassen und Programme, bei denen du entweder jeden Tag stundenlang beschäftigt bist oder nur einen Vormittag, Nachmittag oder Abend opfern musst. Überleg dir vorher, was zu dir passt und wie intensiv du es angehen möchtest. Willst du verreisen, um viel Freiheit und Zeit für dich selbst zu haben, dann entscheide dich nicht für einen Kurs, für den du genauso viel tun musst wie zu Hause für die Arbeit.

AUF SEITE 202 FINDEST DU EINE LISTE MIT PRAKTISCHEN WEBSITES.

ALLEIN AUF REISEN

Hast du Angst, dich zu langweilen, wenn du ganz allein reist? Mit diesen Tipps kommst du gut durch den Tag.

// Bist du in einer Stadt, dann erstell mithilfe einer Karte und deinem Reiseführer oder anhand eines selbst gewählten Themas (z.B. Street Art) einen Stadtrundgang. Schaue etwa auf Wikipedia nach, wo es die schönsten Graffitis in der Stadt gibt, und geh auf Spurensuche.

// Ist es dir unangenehm, allein im Restaurant zu essen? Dann nimm ein Buch oder eine Zeitschrift mit. Google nach Veranstaltungen in deiner Gegend und besuch z.B. einen Bauernmarkt, ein Festival oder geh ins Kino.

// Gehst du gerne laufen, kannst du auch joggend die Gegend erkunden. Stehst du mehr auf Workout, dann schau doch mal in einem lokalen Fitnessstudio vorbei oder recherchiere im Internet, ob es Kurse im Park oder am Strand gibt.

// Such dir eine hübsche Terrasse und bestell dir ein kühles Bier oder ein gutes Glas Wein. Nimm ein Notizbuch mit und schreib auf, was dir an deiner Umgebung auffällt, oder zeichne die Menschen um dich herum.

CATHELIJN PALING (29) ist Reisejournalistin, Bloggerin und Werbetexterin. Mit 19 studierte sie vier Monate über das Erasmus-Austauschprogramm in Edinburgh.
@cathelijnpaling | cathelijnpaling.nl

Warum wolltest du im Ausland studieren? »Ich war schon immer reisebegeistert, und die Möglichkeit, vier ganze Monate als Austauschstudentin im Ausland zu leben, kam wie gerufen.«

Wie bist du auf Edinburgh gekommen? »Ich studierte damals im dritten Jahr Kommunikationswissenschaften und konnte bei meiner Bewerbung für den Erasmus-Austausch drei Partnerhochschulen angeben. Mir war klar, ich wollte in ein Land, wo Englisch gesprochen wird, also habe ich Kanada und zwei Städte in Großbritannien angegeben, darunter Edinburgh. Das ist es dann letztlich geworden.«

Wie hast du eine Unterkunft gefunden? »Ich bin einen Tag vor Beginn meines Austauschs mit meinen Eltern nach Edinburgh geflogen, um uns vor Ort mit einem Makler Wohnungen anzuschauen. So habe ich meine Wohnung gefunden, ein kleines Apartment mit einer großen blauen Tür.«

WENN MAN LÄNGER AN EINEM ORT VERWEILT, KANN MAN SICH DORT RICHTIG HEIMISCH FÜHLEN

Woher hattest du das Geld dafür? »Ich hatte ein wenig gespart und erhielt ein Erasmus-Stipendium. Aber ich habe auch über die niederländische Studienförderung ein Darlehen bekommen.«

Wie waren die ersten Tage? »Die ersten zwei Tage regnete es nonstop. So was hab ich noch nicht erlebt! Da dachte ich: ›Wieso wolltest du ausgerechnet nach Schottland?‹ Danach wurde es zum Glück besser. Ich musste mich auch erst daran gewöhnen, allein zu wohnen – in Utrecht hatte ich in einer WG mit neun anderen Mädels gewohnt. Aber zum Glück traf ich beim internationalen Begrüßungstag an der Uni zwei Bulgarinnen, mit denen ich mich gleich anfreundete.«

Wie war es, in Edinburgh zu studieren? »Großartig! Ich war an der Edinburgh Napier University, meine Fakultät befand sich in einem alten Schloss hoch oben auf einem Berg. Mit seinen Wandgemälden und Holztüren hat es mich an Hogwarts aus Harry Potter erinnert. Edinburgh selbst ist eine zauberhafte Stadt. Da ist das Schloss, das mitten im Stadtzentrum auf einem erloschenen Vulkan thront, dann gibt es die Royal Mile und die alten Pubs. Besonders um Weihnachten herum ist es wie im Märchen.«

Was hat der Austausch dir gebracht? »Er hat mir viel Selbstvertrauen gegeben und meinen Horizont erweitert. Es war so eine schöne Erfahrung zu merken, dass ich auch im Ausland zu Hause sein kann. Und ich stellte dort fest, dass ich schreiben möchte. Letztlich habe ich dadurch noch einen Pre-Master und einen Master in Journalismus und Neue Medien gemacht.«

Nach dem Erasmusstudium hast du noch öfter längere Zeit im Ausland gelebt. Was gefällt dir daran so gut? »Die Niederlande sind klein, und die Welt ist so groß! Ich liebe es herumzureisen, aber als Backpacker ist man ständig auf Achse. Man will so viel wie möglich sehen, und ich habe das Gefühl, dass man dadurch gar nicht richtig innehalten und den Moment genießen kann. Wenn man hingegen länger an einem Ort verweilt, kann man sich dort richtig heimisch fühlen. Man muss nicht wie blöde alle Sehenswürdigkeiten abhaken.«

Was hältst du davon, im Ausland zu studieren? »Das ist eine lehrreiche Erfahrung, die ich nur jedem empfehlen kann – auch wenn man schon arbeitet. Deshalb habe ich, als ich bereits als Redakteurin tätig war, ein dreimonatiges Sabbatical eingelegt. Das war im Sommer, das heißt, es gab eh ein Sommerloch, sodass mein Chef mich entbehren konnte. Ich bin nach New York gegangen und hab mich dort für Kurse an der NYU bei der Fakultät School of Professional Studies eingeschrieben. Dort bieten sie verschiedene Kurse speziell für Berufstätige an. Mich kostete das Ganze 800 Dollar, dafür besuchte ich zweimal pro Woche Abendkurse zu den Themen Werbung und Branding.«

Fällt es dir schwer, nach einer Zeit im Ausland wieder zu Hause anzukommen? Hast du dafür Tipps? »Zurückzukommen ist immer schwierig, wenn man irgendwo anders etwas aufgebaut hat. Aber zum Glück gewöhnt man sich daheim schnell wieder ein. Es ist auch schön, sich abzulenken, indem man zunächst Fotos vom Aufenthalt entwickeln lässt und ein Album anlegt ... und die nächste Reise plant – das hilft immer!«

KAPITEL 3
WORK
& TRAVEL

Die Straßen von New York sind voller Leben, angefangen bei den Streetfood-Wagen, die den Duft von frisch gebackenen Brezeln verströmen, bis hin zum allgegenwärtigen Hupen der gelben Taxis. Ich schlendere durch die Lower East Side von Manhattan, immens glücklich darüber, die Stadt kennenzulernen, die ich das nächste halbe Jahr mein Zuhause nennen darf. An jeder Straßenecke wartet eine andere Attraktion: Gemüse- und Obstläden, vor denen sich Kisten mit frischer Ware stapeln, eine lange Schlange geduldig wartender Einheimischer vor einem hippen Brunchlokal. Ich laufe Richtung Süden und auf einmal kann ich die Schilder um mich herum nicht mehr lesen – ich bin in Chinatown. In einem Park sehe ich alte Männer andächtig eine Partie Mah-Jongg spielen, während Kinder lachend einem ausgebüxten Basketball hinterherrennen.

In der Ferne ragen die Skyscraper von Lower Manhattan in die Höhe: Das gotische Woolworth Building, einer der frühen amerikanischen Wolkenkratzer und mein Lieblingsgebäude der Stadt, sticht majestätisch inmitten noch viel höherer Türme hervor, wie das brandneue One World Trade Center. Ich laufe an der City Hall vorbei, wo der Bürgermeister seinen Sitz hat, und über die Brooklyn Bridge. Bei den berühmten Steinportalen spähe ich über den East River zur Freiheitsstatue hinüber. Wenn ich mich umdrehe, erstreckt sich die Skyline von Lower Manhattan bis zur Wolkendecke. Eine wahnsinnige Euphorie macht sich in mir breit. Ich kann nicht glauben, dass ich hier zwischen all den Touristen stehe und sagen kann, dass ich in dieser Stadt wohne. Ich kann mich nicht erinnern, jemals ein so intensives Glücksgefühl empfunden zu haben wie in diesem Moment auf dieser legendären Brücke.

ANPACKEN IM AUSLAND

Würdest du gerne länger verreisen, befürchtest aber, nicht genügend Geld zusammenzubekommen, gibt es noch eine Möglichkeit, deinen Auslandsaufenthalt zu verwirklichen: durch Work and Travel. Indem du im Zielland arbeitest, kannst du einen Großteil deiner Reisekosten vor Ort verdienen und musst vorher weniger ansparen.

Innerhalb der EU ist das Arbeiten für EU-Bürger besonders einfach, da man keine Arbeitsgenehmigung und kein Visum benötigt. Meist kommen Saisonarbeit oder Jobs in der Tourismusbranche infrage. Angefangen bei der Weinernte in Frankreich bis hin zu Skischulen in Österreich – in Stoßzeiten werden Helfer dringend gebraucht. Du solltest allerdings keine Spitzenlöhne erwarten – für körperliche Arbeit bekommt man meist nur den Mindestlohn –, aber besser als nichts.

Willst du außerhalb der EU arbeiten, wird es kniffliger, da du dann oft komplizierte Visumverfahren durchlaufen musst. Du kannst das umgehen, indem du gegen Kost und Logis arbeitest. Zum Beispiel könntest du ein paar Stunden an der Rezeption in einem Hostel jobben, um dort kostenlos zu übernachten, oder als Au-pair bei einer Familie wohnen. Weil du für deine Arbeit nicht bezahlt wirst, brauchst du auch kein Arbeitsvisum zu beantragen (Achtung: Das gilt nicht für die USA!). WWOOF (World-Wide Opportunities on Organic Farms) ist auch eine tolle Möglichkeit, gegen Kost und Logis zu arbeiten. Diese Organisation vermittelt Reisende an Bio-Bauernhöfe weltweit, wo diese im Gegenzug für ein paar Stunden Arbeit pro Tag kostenlos wohnen und mitessen dürfen.

WORKING-HOLIDAY-VISUM

Möchtest du außerhalb Europas gegen Lohn arbeiten, wähle am besten ein Land, das Working-Holiday-Visa vergibt wie Australien und Kanada. Diese Visa sind nicht so schwierig zu bekommen, und du kannst meist bis zu einem Jahr vor Ort arbeiten. Jedes teilnehmende Land legt dabei eigene Bedingungen fest, die der Reisende erfüllen muss. So gibt es eine individuelle Altersgrenze, und häufig musst du nachweisen, dass du über genügend finanzielle Mittel verfügst, um für dich aufzukommen – die Höhe der nachzuweisenden Summe variiert dabei von Land zu Land.

In den teilnehmenden Ländern hat sich eine florierende Infrastruktur für die Reisenden entwickelt. Tipp: Halte die Augen offen nach Facebookgruppen, in denen offene Stellen in Landwirtschaft oder Gastronomie angeboten und Erfahrungen ausgetauscht werden. So kannst du versuchen, dir schon vor Reisebeginn einen Job zu organisieren, aber oft klappt das auch gut

REISEN MIT KINDERN

Eine längere Reise mit Kindern unternehmen? Klar geht das! Hier ein paar Tipps.

// Bei den meisten Fluggesellschaften gelten klappbare Kinderwagen (Reisebuggys) als Handgepäck.
// Man kann nie genug Feuchttücher dabeihaben und auch Höschenwindeln sind prima.
// Nimm einen Kopfhörer mit, damit die anderen Fluggäste hinterher nicht alle Folgen von Benjamin Blümchen kennen.

// Pass dein Reisetempo an: Gönn dir am Ziel mehr Zeit und plane weniger Aktivitäten ein, als wenn du alleine reist.
// Besucht Spielplätze, Parks, Schwimmbäder. Informier dich, ob ihr vor Ort auch eine Schule besuchen könnt. Mit Kindern bekommst du einzigartige Einblicke in den Alltag in einem fremden Land.

direkt vor Ort. Egal wofür du dich entscheidest, lies dir vorher Bewertungen für den Betrieb durch, in dem du arbeiten möchtest. In der Regel sind das anständige Firmen, aber es gibt auch ein paar schwarze Schafe. Dasselbe gilt für Au-pair-Anbieter.

Bedenke, dass manche Jobs schwerer sind als andere. Packst du gerne an und liebst es, an der frischen Luft zu arbeiten? Dann passt Erntearbeit gut zu dir. Ist schwere körperliche Arbeit eher nichts für dich, du arbeitest aber gerne mit Menschen? Dann ist ein Job in der Gastronomie oder im Tourismus vielleicht das Richtige.

ÜBER DEN TELLERRAND HINAUSSCHAUEN
Bei den üblichen Jobs für Reisende bekommst du den Mindestlohn (der in Ländern wie Australien übrigens ein Stück höher ausfällt als bei uns), aber es gibt auch solche, bei denen du mehr verdienst: Wenn du zum Beispiel

EIN PRAKTIKUM KOMBINIERT AUSLANDS- UND ARBEITSERFAHRUNG UND MACHT SICH GUT IM LEBENSLAUF

tageweise auf einer Megajacht in Südfrankreich arbeitest oder in Südkorea Englisch unterrichtest. Oft brauchst du für solche Jobs bestimmte Fähigkeiten und Zertifikate. Zum Unterrichten muss dein Englisch auf einem hohen Niveau sein. Ein TEFL-Zertifikat (Teaching English as a Foreign Language) ist dann eine gute Investition; dieses kann man innerhalb von zwei Monaten erwerben, und es wird weltweit anerkannt (siehe Seite 203). Wenn du ein paar Monate lang in einem Land unterrichtest (Einzel- oder Klassenunterricht), in dem du gut dafür bezahlt wirst, kannst du einen Betrag ansparen, mit dem du den Rest des Jahres reisen kannst. Eine prima Variante, so ein Gap Year zu füllen: Du sammelst gleichzeitig Arbeitserfahrung und unternimmst eine Weltreise.

EIN PRAKTIKUM MACHEN

Absolvierst du während deines Auslandsaufenthalts ein Praktikum, kannst du ganz nebenbei auch noch deinen CV pimpen. Einen Praktikumsplatz bekommst du am einfachsten, wenn du studierst, aber auch nach dem Abschluss hast du oft noch gute Chancen. Sei dir aber dessen bewusst, dass das Praktikum dir keinen Heller Geld einbringen wird, sondern dich im Gegenteil kostet. Es gibt Möglichkeiten, den Schaden zu begrenzen (dazu später mehr), aber in jedem Fall musst du für diese Form des Auslandsaufenthalts vorher sparen.

Beinahe jede Hochschule oder Universität hat ein International Office, wo man vorbeigehen und sich zum Thema Auslandspraktikum beraten lassen kann. Aber letztlich muss man sich selbst einen Praktikumsplatz suchen, und das ist nicht immer leicht. Am besten fragst du zuerst einmal im Bekanntenkreis nach, suchst nach passenden Facebookgruppen, stellst ein Gesuch bei LinkedIn ein und erstellst einen überzeugenden englischsprachigen Cover Letter (Motivationsschreiben) und einen CV. Wenn dabei nichts herauskommt, kannst du bei einem Vermittlungsbüro vorbeischauen. Das habe ich getan und einen tollen Praktikumsplatz in New York bekommen. Dadurch hatte ich aber zusätzliche Kosten, die vermeidbar gewesen wären, wenn ich gewusst hätte, wo ich nachschauen muss. Es gibt immer Firmen, die auf der Suche nach motivierten Praktikanten sind – man muss sie nur finden.

Hast du einen Praktikumsplatz ergattert, dann solltest du herausfinden, ob es ein Stipendium gibt, für das du dich bewerben kannst. So bekam ich damals einen Zuschuss von meiner Universität. Außerdem habe ich vor Ort ab und an zusätzliche Aufträge am Wochenende übernommen, um mir etwas hinzuzuverdienen. Lass dich auch nicht zu sehr von der Regelstudienzeit unter Druck setzen. Ich wollte eigentlich nur zwölf Wochen wegfahren, beschloss dann aber, noch ein halbes Jahr dranzuhängen. Die Erfahrung eines Auslandspraktikums auf deinem Lebenslauf wiegt schwerer als eine längere Studienzeit. Ohne mein Praktikum in New York und den Job, den ich danach dort antrat, hätte ich später niemals die Stelle als Redakteurin beim *Lonely Planet Magazine* in den Niederlanden bekommen. Diesem Praktikum habe ich meine ganze Karriere zu verdanken.

FREIWILLIGENARBEIT

Sich als freiwillige Arbeitskraft zur Verfügung zu stellen, ist die vielleicht dankbarste Art, einen Auslandsaufenthalt zu verbringen. Auch hierbei musst du bedenken, dass es dir kein Geld einbringt, sondern dich welches kostet. Wenn dir das nichts ausmacht, kannst du an wunderschönen Flecken der Erde Gutes bewirken. Überleg dir, welche Art von Arbeit zu deiner Persönlichkeit passt, bevor du auf die Suche nach einem Freiwilligenjob gehst. Ein Haus in Nepal zu bauen, ist eine wunderbare, ganz konkrete Möglichkeit, für die Einheimischen etwas zu tun, bedeutet aber auch schwere körperliche Arbeit. Vielleicht liegt es dir mehr, mit Menschen zu arbeiten, dann könntest du etwa in Kambodscha in Schulen unterrichten. Wenn du Tiere magst, kannst du an einem Umweltprojekt für Meeresschildkröten in Mexiko mitwirken.

Bei der Entscheidung für ein Freiwilligenprojekt ist es enorm wichtig, sich vorab zu informieren, ob die Organisation vertrauenswürdig ist. Leider werden häufig Freiwillige unter falschen Versprechungen eingesetzt, sodass sie mit ihrer gut gemeinten Arbeit und ihrem finanziellen Beitrag zu Missständen im betreffenden Land beitragen – etwa wenn für Projekte extra Wildtiere gefangen gehalten werden oder Eltern ihre Kinder an Waisenhäuser verkaufen. Stell der Organisation, die du im Auge hast, immer auch kritische Fragen. Wie trägt dein Aufenthalt zur Verbesserung der Lebensumstände der Bevölkerung vor Ort bei? Wenn du in einer Schule unterrichtest, geht das nicht zu Lasten eines lokalen Lehrers? Ein guter Ausgangspunkt ist die Internetseite wegweiser-freiwilligenarbeit.com (siehe auch Seite 202), wenn du auf der Suche nach einer seriösen Freiwilligenstelle bist. Dort werden nur Projekte vorgestellt, die vorher einer Prüfung unterzogen wurden, und du kannst die betreffende Partnerorganisation von dort aus direkt kontaktieren.

Denk daran, dass du beim Reisen schon allein dadurch einen positiven Effekt erzielen kannst, indem du lokale Betriebe unterstützt und in Hotels übernachtest, die von Einheimischen geleitet werden. Gib dein Geld für Aktivitäten aus, von denen Mensch, Tier und Natur vor Ort profitieren. Dafür musst du bei deiner Auswahl zunächst ein wenig aussieben, aber indem du kritische Fragen stellst, signalisierst du, dass Reisende gerne eine positive Wirkung entfalten wollen und dass die Organisationen am Hebel sitzen, um dies zu ermöglichen.

43

AUF SEITE 202 FINDEST DU EINE LISTE MIT PRAKTISCHEN WEBSITES.

TOM GROND (34) ist Vollzeit-Weltreisender und hat Hunderte Länder bereist. Alles begann mit einem sechsmonatigen Praktikum auf Aruba. **@traveltomtom | traveltomtom.net**

Warum Aruba? »Ich war 21 und wollte weg. Ein Freund von mir war zwei Jahre zuvor nach Aruba gegangen und nicht mehr zurückgekommen – er lebt heute noch da. Er hat mich ein wenig bearbeitet, bis ich mir schließlich einen Ruck gab und ein halbes Jahr rübergegangen bin. Ich habe vor Ort bei der Regierung ein Praktikum gemacht und dort meine Abschlussarbeit geschrieben. Eine der besten Entscheidungen meines Lebens.«

Wie hast du das Geld dafür zusammenbekommen? »Das Praktikumsgehalt hat meine Kosten für die Unterkunft gedeckt. Damals gab es noch eine Art BAföG-Zuschuss, wenn man nicht zu Hause wohnte, davon konnte ich ein Mietauto bezahlen. Ansonsten habe ich für Essen, Trinken und Ausgehen ungefähr 30 Euro pro Tag ausgegeben. Dafür hatte ich zuvor gespart gehabt, genau wie für mein Flugticket. Ich hatte während des Studiums beim Arbeitsamt gejobbt und so viele Stunden gearbeitet wie möglich.«

DURCH DAS REISEN LERNE ICH JEDE MENGE UND KANN AN MIR SELBST ARBEITEN

Wie war das Praktikum auf Aruba? »Es war das erste Mal, dass ich außerhalb Europas war, und ein kleiner Kulturschock. Zu Hause ist alles so auf Prestige ausgerichtet, das war dort komplett anders. Bei uns denkt man, die Leute in der Karibik seien faul, aber darüber können die nur lachen. Sie genießen das Leben, machen das Beste daraus. Das hat mir gehörig zu denken gegeben.«

Was hat dir am Inselleben gefallen? »Das Barbecue Freitagnachmittag am Strand. Am Ende jeder Arbeitswoche wurde gefeiert. Es gab Musik, wir haben zusammen getrunken, den Sonnenuntergang beobachtet. Das war etwas, das ich nach meiner Rückkehr sehr vermisst habe. Denn das machen wir in den Niederlanden nie. Klar gehen wir zum Feierabend am Freitag auch was trinken, aber dieses Gefühl von ›Yes, zwei Tage Urlaub!‹ fehlt.«

Was für Menschen bist du begegnet? »Ich habe Leute aus aller Welt getroffen. US-Amerikaner, Kolumbianer, Venezolaner. Am schönsten fand ich, wenn Menschen von ihrer Kultur erzählten. Dabei dachte ich jedes Mal: ›Das will ich auch alles sehen!‹ Von jedem, dem man begegnet, lernt man etwas. Mir wurde immer klarer, dass wir in den Niederlanden glauben, alles zu wissen, aber in Wirklichkeit gar nichts wissen. Wir nehmen nur vieles an. Mir wurde bewusst, dass ich durch das Reisen jede Menge lerne und auch an mir selbst arbeiten kann.«

Also hast du beschlossen, weiterzuziehen. »Nach Aruba kehrte ich in die Niederlande zurück und schloss mein BWL-Studium ab. Danach habe ich noch zwei Jahre beim Arbeitsamt gearbeitet, um Geld zu sparen. Als ich

22 000 Euro zusammenhatte, bin ich auf Weltreise gegangen. Als Budget hatte ich 1 500 Euro pro Monat festgelegt. In Mittelamerika, wo meine Reise begann, war das viel Geld, aber in Neuseeland und Australien deutlich weniger! Letztlich habe ich in zwölf Monaten insgesamt 18 000 Euro aus-gegeben, insofern habe ich mich an mein Budget gehalten. Ich habe meine Ausgaben nicht notiert, fragte mich aber jedes Mal: ›Will ich das wirklich ausgeben? Habe ich Geld für diese Erfahrung? Gehe ich heute Abend mit diesen Leuten aus oder unternehme ich lieber in zwei Tagen eine Tour, um auf einen Vulkan zu steigen?‹«

Bei dieser ersten Weltreise ist es nicht geblieben – inzwischen ist Reisen dein Beruf. »Ich bin vier Jahre lang um die Welt gereist, ohne wirklich ein Ziel zu haben. Weil mein Instagram-Kanal beständig wuchs, konnte ich irgendwann kostenlos reisen, aber richtig leben konnte ich davon nicht. Vor zwei Jahren habe ich dann den Entschluss gefasst, mich auf meinen Blog zu fokussieren und zu versuchen, damit ein passives Einkommen zu generieren. Und das hat ziemlich gut geklappt! Ich hatte nie die Absicht, Blogger zu werden, aber traveltomtom.net zählt nun zu den fünfzig größten Reiseblogs weltweit.«

TEIL 2

WO WILLST DU HIN?

KAPITEL 4
KANADA
& USA

Das Skigebiet Marmot Basin in Kanada ist kein Ort, an den man sich zufällig verläuft. Um in die nächstgelegene Stadt zu gelangen, muss man drei Stunden durch eine weitläufige schneebedeckte Landschaft fahren. Es ist mitten im Winter, und ich reise mit meinem Freund durch den Jasper-Nationalpark inmitten der Rocky Mountains. Über den sich windenden Icefields Parkway, eine der schönsten Straßen der Welt, fahren wir vorbei an Nadelwäldern, deren Bäume sich unter dem Gewicht des frischen Schnees biegen. Mit seinen 1 698 Metern ist das Marmot Basin die höchstgelegene Talstation Kanadas. Hier fallen jedes Jahr fünf Meter Puderschnee, und die Wintersportsaison dauert von November bis Mai. Ich bin keine erfahrene Skifahrerin, wirklich nicht, aber selbst ich kann sehen, dass die Berghänge hier von unvergleichlicher Schönheit sind. Die ersten Skifahrer und Snowboarder des Tages springen an der Spitze aus dem Skilift, um kurz darauf atemlos innezuhalten. Unter ihnen erstreckt sich ein bewaldetes Tal, wo sich ein wilder, halb überfrorener Fluss zwischen den Felsen und Kiefern hindurch einen Weg bahnt und das Wasser im Licht der Morgensonne dampft, die hinter den gezackten Berggipfeln zum Vorschein kommt. Hier, auf dem Dach der Welt, treffen wir zwei Landsleute, die dieses Paradies ihr Zuhause nennen dürfen: Juul und Dylan arbeiten hier als Skilehrer. »Nach dem Abi hatte ich vorgehabt, mich als Saisonarbeiter in Österreich zu bewerben, aber dann hörte ich, dass ich auch nach Kanada gehen kann. Da fiel die Entscheidung nicht schwer«, erzählt Juul begeistert mit vor Kälte roten Wangen. »Der Jasper ist nicht groß, aber ein echt schönes Berggebiet.« Dylan nickt zustimmend: »Ich bin hier im Dorf schon Rentieren, Wapitis und Elchen begegnet, einfach so mitten auf der Straße!«

INFO

KOSTEN €€€€

BESTER REISEZEITRAUM Der Frühling ist eine wunderbare Zeit, um nach Nordamerika zu reisen, da das Wetter meist mitspielt und man den Touristenansturm meidet. Der Sommer ist Hochsaison und insofern teurer, aber die beste Zeit für einen Roadtrip durch Kanada. In den USA kann es in einigen Regionen schon wieder zu heiß sein. Im Herbst kann man sich entlang der Ostküste an der Farbenpracht der bunten Blätter erfreuen, aber das Wetter schlägt schnell um. Die Winter sind bis auf die südlichen USA sehr kalt, in Sachen Wintersport herrscht dann Hochsaison.

MINDESTREISEDAUER Beschließt du, nur einen Bundesstaat zu besuchen, reichen ein paar Wochen. Kombinierst du mehrere Staaten, sind ein bis zwei Monate besser. Willst du ganz Kanada und die USA bereisen, solltest du mit mindestens sieben Wochen rechnen, besser jedoch länger.

VISUM Du brauchst für eine Rundreise kein Visum. Allerdings musst du online eine Electronic Travel Authorization beantragen: Die ESTA der USA gilt für 90 Tage, mit der eTA von Kanada kannst du bis zu einem halben Jahr im Land bleiben (siehe auch Seite 205). Um in den USA zu studieren oder ein Praktikum zu machen, brauchst du ein Visum. In Kanada kannst du zum Arbeiten ein Working-Holiday-Visum beantragen (siehe Seite 38).

SPRACHE Englisch ist in beiden Ländern Verkehrssprache, aber in Kanada ist Französisch zusätzlich Amtssprache – vor allem in Quebec sind Französischkenntnisse praktisch. In den Südstaaten der USA wird zudem viel Spanisch gesprochen.

INFRASTRUKTUR Der öffentliche Verkehr zwischen den Städten ist gut ausgebaut: Man kann mit dem Zug oder günstigen Fernbussen reisen. Fliegen ist auch eine Option. Das Straßenverkehrsnetz in den USA und Kanada gehört zu den besten der Welt, und ein Roadtrip mit einem Mietauto oder Camper ist eine fantastische Möglichkeit, diese Länder zu erkunden. Denk daran, dass im Winter die Wege in den nördlichen USA und in ganz Kanada unbefahrbar sein können.

ÜBERNACHTEN Günstig übernachten kann man in Motels, zudem gibt es Campingplätze für Wohnwagen ebenso wie Hotels im Überfluss. Vor allem in den Städten findet man viele schöne Hostels. Bleibst du längere Zeit an einem Ort, ist Airbnb eine gute Option.

HIGHLIGHTS Vancouver, die kanadischen Rockies, Toronto, Quebec, die Great Lakes, Alaska, Hawaii, San Francisco, Los Angeles, Death Valley, Yosemite-Nationalpark, Las Vegas, Bryce Canyon, Yellowstone-Nationalpark, Grand Canyon, Texas, Chicago, Nashville, New Orleans, Boston, New York, Washington und Florida

RUNDREISE: VON ALASKA NACH NEW ORLEANS

Die Winter in den Rocky Mountains sind sowohl in den USA als auch in Kanada bezaubernd schön, aber die meisten Reisenden entscheiden sich eher für eine der anderen Jahreszeiten, um eine Rundreise durch die USA oder Kanada zu machen. Beide Länder sind immens groß, und es ist unmöglich, alles zu sehen. Wähle deshalb besser eine kürzere Route aus, bei der du unterwegs Zeit hast, das atemberaubende Panorama zu genießen und die Kultur zu entdecken, die dir aus Serien und Filmen vertraut sein dürfte. Es ist natürlich am einfachsten, den bekannten Routen zu folgen, aber womöglich wird es in einem so beliebten Winkel der Erde gerade dann spannend, wenn du von den ausgetretenen Pfaden abweichst.

Davon abgesehen gibt es in den USA und Kanada einige legendäre Straßen, die sich für einen Roadtrip eignen (hier kann es günstiger sein, einen Gebrauchtwagen zu kaufen, wenn du länger unterwegs bist). Die Route 66 von Chicago nach Los Angeles ist mit Abstand die berühmteste. Ihrem Verlauf durch acht Staaten kann man noch heute folgen, auch wenn der alte Highway selbst nicht mehr existiert. Im Westen der USA findest du einige der spektakulärsten Nationalparks der Erde. Kombiniere etwa den Yellowstone in Wyoming mit dem Grand Canyon oder dem Death Valley und dem Yosemite in Kalifornien. Wenn du auch die Städte dort mitnehmen willst, kannst du dich für eine Tour entlang der Westküste entscheiden, beispielsweise von Seattle oder Portland Richtung Süden nach San Francisco, Los Angeles und San Diego. Entlang der Ostküste kannst du ebenfalls eine ganze Reihe berühmter Städte wie Boston, New York und Washington kombinieren oder noch weiter südlich Staaten wie Florida, Louisiana und Texas besuchen. Im Süden herrscht eine ganz eigene Kultur, und du kannst dem Mississippi folgend auf den Spuren von Country, Blues und Jazz durch Nashville, Memphis und New Orleans tingeln.

In Kanada entscheiden sich die meisten Reisenden für einen Roadtrip entlang der West- oder Ostküste. Wählst du die Westküste, kannst du Vancouver und die raue Naturschönheit von Vancouver Island kombinieren mit einem Besuch in den kanadischen Rockies, wo sich neben dem Jasper- auch der Banff-Nationalpark, einer der schönsten des Kontinents, befindet. An der Ostküste ist die Natur wilder und die Landschaft, so überhaupt möglich, noch ausgedehnter. Hier kann man von Halifax auf Nova Scotia aus eine Tour entlang der Inseln Prince Edward und Cape Breton unternehmen. Das Landesinnere von Kanada bietet andere Vorzüge: Entdecke das kosmopolitische Toronto, besuche die beeindruckenden Niagarafälle und die Great Lakes. Du kannst hier aber auch über die Grenze nach Chicago fahren. Mit

ALS AUSTAUSCH-SCHÜLER WOHNST DU BEI EINER GAST-FAMILIE UND LEBST EIN JAHR LANG WIE EIN EINHEIMISCHER

dem Zug kannst du Kanada auf eine ganz besondere Weise durchqueren und verschiedene Landschaften dieses riesigen Landes erleben – es gibt verschiedene Verbindungen von West nach Ost und andersherum, eine atemberaubender als die andere.

HIGHSCHOOL, SPRACHKURSE & MEHR

Ein Visum für einen längeren Aufenthalt in den USA zu besorgen, ist nicht leicht, aber für Jüngere gibt es die Möglichkeit, ein Jahr lang komplett in die amerikanische Kultur einzutauchen: die Highschool. Als Austauschschüler wohnst du bei einer Gastfamilie und lebst ein Jahr lang wie ein Einheimischer. Hast du bereits dein Abi in der Tasche und studierst an einer Hochschule, dann ist es auch möglich, einen Sommer lang in einer amerikanischen Stadt Unikurse zu besuchen. Es gibt sogar Programme, die kostenlos sind, z. B. über das Fulbright Center. Dieses Summer-School-Programm wird durch das amerikanische Außenministerium finanziert und bietet europäischen Studenten mit guten Noten die Chance, einen Sommer lang in den USA zu wohnen und zu studieren. Hast du dein Studium bereits beendet, kannst du gegen Bezahlung an renommierten Universitäten Kurse besuchen. Ein ganzes Semester in den USA oder Kanada zu studieren, ist auch eine Möglichkeit und eine besondere Erfahrung, da sich der Unterricht dort stark von unserem unterscheidet und man dort viel freier ist in seiner Fächerwahl. Um dich einschreiben zu können, musst du oft zuerst einen Englischtest machen, um nachzuweisen, dass du die Sprache auf einem akademischen Niveau beherrschst. Willst du gerade deshalb nach Nordamerika, um deine Sprachkenntnisse zu verbessern, bietet sich ein Sprachkurs vor Ort an. Hast

du nur ein paar Stunden pro Tag Unterricht, reicht eine eTA oder ESTA, um nach Kanada oder in die USA zu reisen und dort einen Sprachkurs zu besuchen. Entscheidest du dich aber für einen Intensivkurs, benötigst du ein Visum.

PRAKTIKA & ARBEITEN

Kanada ist eines der wenigen Länder außerhalb der EU, in denen du als EU-Bürger legal arbeiten kannst – vorausgesetzt, du bist mindestens 18 und höchstens 35 Jahre alt. Jedes Jahr wird eine bestimmte Anzahl an Working-Holiday-Visa verlost. Es gibt mehrere Runden pro Jahr, es lohnt sich also, regelmäßig die Website der zuständigen kanadischen Behörde zu checken (siehe Seite 205), wo du dich bewerben kannst. Mit einem Working-Holiday-Visum kannst du bis zu ein Jahr lang in Kanada reisen und arbeiten. Infrage kommen Jobs als Au-pair, in der Gastronomie oder im Tourismus, etwa als Skilehrer, Reiseleiter oder -begleiter. Wer in den USA reisen und arbeiten möchte, hat es da schon deutlich schwerer. Als Betreuer in einem Sommercamp zu arbeiten, lässt sich für junge Europäer noch organisieren, aber da der Visumprozess in Amerika ziemlich teuer ist, ist es ganz und gar nicht leicht. Bist du bereit, die Mühe eines Visumantrags auf dich zu nehmen, dann ist ein Praktikum eine Möglichkeit. Ich selbst habe ein sechsmonatiges Praktikum in New York absolviert. Es ist nicht gerade günstig und jede Menge Papierkram. Man braucht u. a. das besagte Visum, ein Sponsorship (Bescheinigung eines US-Unternehmens, dass es dich beschäftigen will) und manchmal auch einen Nachweis über die Rückreiseintention. Ich persönlich möchte meine Erfahrung in den USA für kein Geld der Welt missen, aber wenn du nicht auf genau dieses Land festgelegt bist, ist es vielleicht schlauer, sich für eines zu entscheiden, in dem dir die Kombination aus Reisen und Arbeiten etwas leichter gemacht wird.

MARLOES DE HOOGE (37) ist Reisebloggerin und Autorin zweier Bücher über Reiseziele, die man gesehen haben muss. Nach ihrem Studium reiste sie vier Monate durch Nordamerika. **@travelvalley | travelvalley.nl**

Warum wolltest du länger weg? »Ich war 23 und mit dem Studium fertig. Vor meinem Eintritt ins Arbeitsleben – bevor der Ernst des Lebens beginnt – wollte ich länger verreisen. Ich hatte noch keine Ahnung, was ich beruflich machen wollte, und die Vorstellung, auf Reisen einfach mal keine Verpflichtungen zu haben, fand ich herrlich.«

Warum Amerika? »Ich war noch nie dort gewesen und fand es spannend. Mein damaliger Freund hatte auch Lust, also sind wir zusammen losgezogen. Endlich konnte ich alle Sorgen rund um meine Abschlussarbeit und meine Prüfungen hinter mir lassen; das war befreiend.«

Wie sah eure Reise aus? »Wir starteten an der Westküste, wo wir in L.A. ein Auto mieteten, um die ersten anderthalb Monate einen Roadtrip zu machen. Unterwegs haben wir in Motels und Hotels geschlafen. Der Dollarkurs war

ALLES GANZ ENTSPANNT, OHNE EILE, OHNE STRESS. DAS IST EINE WERTVOLLE ERFAHRUNG

damals enorm günstig, sodass die Übernachtungen nicht viel kosteten. Nach L.A. haben wir auch San Francisco, San Diego, Las Vegas und die Nationalparks der Region besucht und sind bis zur kanadischen Grenze gefahren. Nach unserem Roadtrip reisten wir mit dem Flugzeug, dem Zug und Greyhound-Bussen weiter an die Ostküste, wo wir alle großen Städte besichtigt haben, und nach Hawaii.«

Welches Budget stand euch zur Verfügung? »Wir hatten beide jeweils 5 000 Euro gespart, zusammen hatten wir also 10 000 Euro. Ich hatte während meines Studiums Geld sparen können, da ich nebenher gearbeitet und mehrere Jobs hatte. Ich hatte Athletiktrainings betreut, am Wochenende im Restaurant gejobbt und mit fortschreitendem Studium noch einen Tag pro Woche am Empfang einer Firma gearbeitet.«

Was ist dir besonders in Erinnerung geblieben? »Der Yellowstone-Nationalpark ist einer der schönsten Orte, an denen ich je war. Die Geysire, die Bisons, die Adler, die Bären. Es war Herbst, das heißt, es lag hier und da etwas Schnee, einfach magisch. Hawaii war auch spektakulär. Dort beträgt der Zeitunterschied zu den Niederlanden zwölf Stunden, da weiß man, dass man wirklich am anderen Ende der Welt ist.«

Gab es auch weniger schöne Dinge? »Manchmal bekam ich Heimweh. Heute kann man dank des Internets Kontakt halten, aber vor dreizehn Jahren war das noch anders. Ich hatte ein enges Verhältnis zu meinen Großeltern. Ich wusste, wie schade sie es fanden, dass ich so weit weg war – das war sehr

schwierig. Da half es, anzurufen und Karten zu schicken, sodass ich meine Familie an unseren Erlebnissen teilhaben lassen konnte. Meine Mutter hatte mir Päckchen mitgegeben, auf denen dann stand ›Mich darfst du am 5. Tag aufmachen‹. Als wir gerade die Hälfte der Reise hinter uns hatten, packte ich ein kleines Album mit Familienfotos aus. Das war meine Rettung. Als ob meine Mutter es vorausgeahnt hätte, kam es genau im richtigen Moment.«

Inzwischen warst du in der ganzen Welt unterwegs. Hast du noch einen Tipp für Leser, die über eine längere Reise nachdenken? »Auf jeden Fall machen! Es gibt dir so vieles, das du dir gar nicht vorstellen kannst. Die Reise in die USA war eine echte Bereicherung. Man hat die Zeit, um Land und Leute kennenzulernen. Außerdem ist es ein ganz anderer Lebensstil, bei dem man morgens aufwacht und denkt: ›Was wollen wir heute machen?‹ Alles ganz entspannt, ohne Eile, ohne Stress. Das ist eine wertvolle Erfahrung. Wenn du etwas Geld sparen und dir eine Weile freinehmen kannst und Lust darauf hast, solltest du es unbedingt machen. Falls es dir nicht gefällt: Ein Rückflug ist schnell gebucht.«

KAPITEL 5
MEXIKO, MITTEL-
& SÜDAMERIKA

Der Verkehr auf Sint Maarten steht still. Es ist früh am Abend und die Menschen hängen sich aus dem Autofenster, um ein Pläuschchen zu halten. Von unserem Auto aus kann ich zwar nicht sehen, was die Verzögerung verursacht, aber Heather neben mir weiß es: »Die Brücke ist offen, und wenn das in dieser Woche passiert, staut sich der Verkehr bis in den französischen Teil der Insel.« Sint Maarten steht im Zeichen der Heineken Regatta, eines der größten Segelevents überhaupt. Tausende Segelfans haben sich für eine Woche voller Partys und Wettbewerbe auf der Insel eingefunden. In den letzten Tagen bin ich Seglern aus Australien, den USA und Guadeloupe begegnet. Profis, die es auf den Pokal abgesehen haben, Crew-Aushilfen, die durch die Karibik reisen, und Locals, die mit ihrem Boot von Insel zu Insel tuckern. Und dann gibt es noch viele Niederländer, die jedes Jahr herfliegen, um an der Regatta teilzunehmen. Mit letzterer Kategorie darf ich morgen bei einem Wettrennen mitfahren. Als der Stau sich endlich auflöst und Heather mich am Strand bei einer Party absetzt, belasse ich es deshalb bei zwei Bier und gehe früh ins Bett. Der Wettbewerb am nächsten Tag ist eine Mischung aus Wellen, praller Sonne, einem geselligen Beisammensein und einem rasanten Segeltörn. Die Crew hieß mich begeistert in ihrem Team willkommen und nach dem Wettbewerb, als unsere Beneteau 48 mit einer Reihe Boote vor der Brücke wartet, um wieder in die geschützte Simpson-Bay-Lagune hineinzufahren, trinken wir noch zusammen ein Bier auf dem Achterdeck. Die Sonne steht nun tiefer am Himmel, aber es ist noch immer schön warm. Als ich auch noch eine Meeresschildkröte in dem azurblauen Wasser entdecke, kann ich mein Glück kaum fassen. Was mich angeht, muss die Brücke heute nicht mehr aufgehen.

INFO

KOSTEN €€

BESTE REISEZEIT Die Länder rund um den Äquator haben ein recht konstant warmes Klima. In Mexiko und der Karibik ist im Winter Hochsaison. Die Orkansaison dauert von Juni bis Oktober, im Amazonasgebiet hingegen herrscht dann Trockenzeit. In den Anden fällt zwischen Oktober und März der meiste Niederschlag. Für Patagonien ist Oktober bis März die beste Reisezeit, aber auch die bestbesuchte.

MINDESTREISEDAUER Entscheidest du dich für ein kleines Land, reichen ein paar Wochen. Willst du Brasilien durchqueren oder mehrere Länder kombinieren, plane mit mindestens acht Wochen. Entscheidest du dich für eine ausgedehnte Rundreise und fährst z. B. über den südlichen Teil der Panamericana oder schipperst über den Amazonas, dann bist du locker zwei bis vier Monate unterwegs.

VISUM Für eine Rundreise in Mexiko, Mittel- und Südamerika ist kein Visum erforderlich. Du bekommst in den meisten Ländern bei Ankunft eine Touristenkarte, die je nach Land 90 bis 180 Tage gültig ist, außer in Bolivien, wo du maximal 30 Tage bleiben darfst. In einigen Ländern bekommst du automatisch einen Stempel für 30 Tage, aber du kannst auch nach einem für 90 Tage fragen. Kuba ist eine Ausnahme: Hierfür musst du vor- ab ein Visum beantragen, mit dem du dich 30 Tage im Land aufhalten darfst.

SPRACHE In Mexiko und den meisten anderen Ländern Mittel- und Südamerikas wird Spanisch gesprochen, nur in Belize ist Englisch und in Brasilien Portugiesisch Landessprache. Auf den karibischen Inseln gibt es eine große Sprachenvielfalt. Mit Englisch kommt man meist über die Runden (bis auf Kuba), aber es gibt auch französischsprachige Inseln. Für einige Chilenen ist außerdem Deutsch Muttersprache. In Suriname, im Süden von Sint Maarten und auf den ABC-Inseln sprechen die Leute Niederländisch.

INFRASTRUKTUR Sich ein Auto zu mieten oder kaufen, ist zwar möglich, aber das Reisen mit dem Bus ist auch eine gute Option. Die Fernbusse sind meist ziemlich komfortabel, aber es gibt einen Unterschied zwischen Bussen für Einheimische und Touristen. Die Qualität kann zwischen den verschiedenen Ländern, Städten und Regionen stark variieren. Die Entfernungen sind in diesen Ländern oft groß und manchmal kommt man nicht umhin, das Flugzeug zu nehmen, um ein bestimmtes Ziel zu erreichen. In der Karibik und großen Teilen des Amazonasgebiets muss man fliegen oder sich zu Wasser fortbewegen.

ÜBERNACHTEN Hostels und Pensionen sind verbreitet, oft kann man auch günstig Häuschen an der Küste oder eine Stadtwohnung mieten. Für Öko-Lodges bezahlt man deutlich mehr, aber es lohnt sich, sind sie doch eine schöne Übernachtungsmöglichkeit.

HIGHLIGHTS Mexiko (insbes. Baja California, Chichén Itzá), Belize, Costa Rica, Jamaika, Kuba, Puerto Rico, Sint Maarten, Barbados, Aruba, Bonaire, Curaçao, Kolumbien, Ecuador (insbes. Galapagosinseln), Amazonas, Bolivien (insbes. Salar de Uyuni), Brasilien (insbes. Iguazú-Wasserfälle, Rio de Janeiro), Peru (insbes. Lima, Machu Picchu), Argentinien (insbes. Buenos Aires) und Chile (insbes. Santiago de Chile, Patagonien)

RUNDREISE: VON MEXIKO NACH PATAGONIEN

Mit einem Segelboot Inselhopping in der Karibik zu betreiben, ist wirklich traumhaft, aber Mexiko, Mittel- und Südamerika haben noch sehr viel mehr zu bieten. Es gibt zu viele Highlights, als dass man sie alle aufzählen könnte, aber wenn du dich für überwältigende Natur, prä- und koloniale Geschichte, tolle Partys und eine fantastische Küche begeisterst, dann bist du hier richtig. Rundreisen sind hier ein Stück günstiger als in den USA und Kanada, aber einige Routen können dennoch ganz schön ins Geld gehen. Brasilien, Argentinien und Chile sind beispielsweise ein bisschen teurer als Kolumbien und Bolivien (abgesehen von den Galapagosinseln).

Willst du so viel wie möglich von diesem Kontinent entdecken und hast Zeit, dann ist die Panamericana der ultimative Roadtrip. Dieses System aus Schnellstraßen führt von Alaska im Norden Amerikas bis hinunter nach Patagonien an den südlichsten Punkt von Südamerika. In Südamerika kann man der Route am einfachsten folgen. Der Panamericana Pacífico Longitudinal führt vom farbenfrohen Kolumbien über die Anden entlang der Pazifikküste durch Peru und Chile nach Feuerland.

Möchtest du am liebsten nur ein Land bereisen, dann bietet Mexiko einen Regenbogen an Erfahrungen. Angefangen bei Surfen und Whalewatching auf der Halbinsel Baja California an der Westküste bis hin zur bunten Kolonialarchitektur, traditionellen Gerichten und den Mayatempeln im Landesinneren und an der Ostküste. Etwas weiter südlich findest du in den Ländern Mittelamerikas eine Kombination aus karibischer Kultur an der Ostküste und perfekten Surfwellen an der Westküste sowie dazwischen einen Regenwald voller bunter Flora und Fauna. Besuche zum Beispiel Belize, das das zweitgrößte Korallenriff der Erde bereithält, oder Costa Rica mit seinen luxuriösen Öko-Lodges im Urwald und verschlafenen Surfdörfern am Stillen Ozean.

Südamerika ist riesig, und es gibt hier einige der aufregendsten Städte der Welt wie Rio de Janeiro (Karneval!) und Buenos Aires (Tango!). Für Dschungelabenteuer reist du am besten ins Amazonasgebiet. Auf den Galapagosinseln entdeckst du Wildtiere, wie du sie nie zuvor gesehen hast, und in Bolivien wartet die enorme Salzwüste der Salar de Uyuni auf dich. Der Machu Picchu in Peru ist nicht ohne Grund das Wahrzeichen des Kontinents, aber auf den Hochebenen der Anden kannst du noch viele weitere Ruinen der Inka-Zivilisation entdecken. Im äußersten Süden warten die beeindruckendsten Landschaften: Hier gibt es riesige Gletscher, absurd blaue Seen und die gezackten Berggipfel Patagoniens zu bewundern.

SPRACHKURSE, STUDIEREN & ARBEITEN

Spanischkurse findest du hier überall, und oftmals sind sie günstiger als in Spanien. In Mexiko-Stadt, Antigua und Buenos Aires werden viele Kurse angeboten, gleichzeitig kannst du in die lebendige Kultur eintauchen. Stell dir vor: vormittags zum Unterricht gehen und nachmittags bei einer kalten Cerveza deine neu erlernten Sätze in einem Lokal ausprobieren. Falls du schon mehr als nur ein paar Brocken Spanisch sprichst, ist es auch eine schöne Option, eine Zeit lang hier zu studieren. In Ländern wie Peru ist der Unterricht anspruchsvoll. Du kannst bei deiner eigenen Hochschule oder Universität anfragen, ob es möglich ist, in Südamerika erlangte Creditpoints anrechnen zu lassen.

Arbeit in Mittel- und Südamerika zu finden, ist schon schwieriger. Wenn du während deiner Reise Geld verdienen möchtest, ist ein Job als Crewmitglied oder Stewardess auf einer Jacht die beste Wahl. Auch Englischunterricht wird gut bezahlt – oftmals braucht man hierfür ein TEFL-Zertifikat (siehe Seite 203). An den Touristen-Hotspots kannst du oft auch in Hostels gegen Kost und Logis arbeiten. Darüber hinaus ist Freiwilligenarbeit eine beliebte Art, seinen Auslandsaufenthalt in Mittel- oder Südamerika zu verbringen. Die Website wegweiser freiwilligenarbeit.com ist ein guter Ausgangspunkt, um nach einem seriösen Projekt zu suchen (siehe Seite 202).

KÖSTLICHE DRINKS

**Lateinamerika hat nicht nur geniale Gerichte.
So trinkst du wie ein Einheimischer (in Maßen).**

// **Mexiko – Tequila:** nicht mit Salz und Zitrone, sondern pur.

// **Kuba – Rum:** Probiere das Nationalgetränk in Cocktails wie Mojito, Piña Colada und Cuba Libre.

// **Peru / Chile – Pisco Sour:** Beide Länder erheben Anspruch darauf, ihn erfunden zu haben. Probiere am besten beide Varianten.

// **Brasilien – Caipirinha:** Dieser frische Cocktail wird aus Rum, Zitrone, Eis und Zucker gemixt und ist im ganzen Land zu finden.

// **Argentinien – Wein:** Das Land ist einer der größten Weinproduzenten der Welt. Man findet hier viele Qualitätsweine, darunter den bekannten Malbec.

// **Anden – Coca-Tee:** Dieser bei uns unbekannte Tee wird aus den Blättern der Coca-Pflanze gewonnen. Er wurde bereits von den Inka als Heilmittel gegen die Höhenkrankheit getrunken.

FAREEDA VAN DER MAREL (28) ist Chefin im Restaurant Achterwerk in Groningen. Nach ihrem Studium unternahm sie alleine eine Rundreise durch Südamerika.
@lekkerachterwerk | lekkerachterwerk.nl

Warum wolltest du alleine nach Südamerika? »Ich habe Familie in Suriname, hatte sie auch schon öfter besucht und war einfach neugierig auf die fremden Kulturen. Ich war 23, hatte den Bachelor in der Tasche und wusste nicht recht, in welche Richtung es beruflich gehen sollte. Darüber wollte ich nachdenken. Also bin ich losgezogen. Solo, weil ich sehen wollte, ob ich so lange allein sein kann.«

Wie sah deine Reiseroute aus? »Hin bin ich über Quito geflogen und zurück von Buenos Aires aus – das war eigentlich alles, was ich festgelegt hatte. Ich wollte drei Monate reisen, aber letztlich bin ich einen halben Monat länger geblieben. Ich fand es superspannend, ohne Plan loszuziehen, und merkte schnell, dass sich eine Reise ganz von allein entwickelt. Vor Ort bekam ich viele Tipps von Leuten, die mir schöne Gegenden empfahlen. Ich habe Spanischunterricht genommen und bin von Ecuador aus über das Landes-

MEINE REISE HAT MIR BESTÄTIGT, DASS DIE MENSCHEN SEHR HILFSBEREIT UND FREUNDLICH SIND

innere nach Peru gereist, dann nach Bolivien, ein kleines Stück durch Chile und weiter nach Argentinien.«

Welcher Ort ist dir am deutlichsten in Erinnerung geblieben? »Die meisten Besucher reisen von Ecuador aus entlang der Küste nach Peru, aber ich wollte gern nach Iquitos, mitten im Amazonas-Regenwald. Um dorthin zu gelangen, musste ich sieben Stunden mit dem Boot zur Grenze fahren und dann in einem Dorf auf ein Frachtschiff warten. Das kommt dort hin und wieder vorbei, um die Dörfer an den Seitenarmen des Amazonas mit Essen und anderen Waren zu beliefern, und fährt auch nach Iquitos. Allerdings wusste niemand genau, wann das Schiff kommen würde, also habe ich anderthalb Wochen gewartet. Dafür war die Fahrt über den Amazonas dann atemberaubend schön. Die Reise dauerte vier Tage, und man konnte seine Hängematte einfach zwischen den Kühen und Hühnern aufhängen. Morgens wurde ich unter den Einheimischen wach und sah die Sonne über dem Fluss aufgehen.«

Wie war es, allein zu reisen? »Eigentlich war ich die ganze Zeit über höchstens drei Tage wirklich allein. Ich habe viele tolle Menschen getroffen. Wenn man allein unterwegs ist, wird man viel eher angesprochen. Eine Freundin kam mich zur Halbzeit meiner Reise besuchen, und wir sind drei Wochen lang zusammen herumgereist. Das kam genau zum richtigen Zeitpunkt, denn ich merkte, dass es mir gefehlt hatte, mit jemandem reden zu können, der mich kannte. Insofern war es sehr schön, dass mich jemand von zu Hause besuchen kam.«

Was hat dir deine Reise gebracht? »Sie hat mir gezeigt, dass alles irgendwie gut geht, wenn man einen offenen Blick und Vertrauen in seine Mitmenschen hat. Vor meiner Reise hatte ich ein wenig Angst, dass ich einsam sein oder in brenzlige Situationen geraten könnte, aber alles lief wie am Schnürchen. Meine Reise hat mir auch noch mal bestätigt, dass die Menschen im Allgemeinen sehr hilfsbereit und freundlich sind. Uns in Europa mangelt es an nichts, dann kommt man in eine Gegend, in der die Menschen in Armut leben und trotzdem das Wenige mit einem teilen, das ist sehr berührend.«

Wie hoch war dein Budget? »Ich hatte 3 000 Euro gespart, also 1 000 Euro für jeden Monat – die Flugtickets kamen noch dazu. Während meines Studiums hatte ich in der Gastronomie gejobbt und als ich meinen Abschluss in der Tasche hatte, arbeitete ich noch einen Sommer lang durch, um die Reise finanzieren zu können. Da ich letztlich etwas länger geblieben bin, haben die 3 000 Euro nicht ganz gereicht. Daher kam ich mit leeren Taschen nach Hause zurück, aber auch das hat sich schnell wieder geändert.«

Würdest du noch einmal eine längere Reise machen? »Auf jeden Fall. Ich würde wahnsinnig gerne ein kulinarisches Praktikum im Ausland machen und dort etwa bei einer Familie wohnen. Wenn man herumreist, bekommt man nicht allzu viel vom lokalen Leben mit. Insofern würde ich das nächste Mal die Sprache gerne noch besser lernen wollen, um richtig in die Kultur eintauchen zu können.«

Hast du noch einen Rat für Leser, die auch verreisen wollen? »Ja, tut es auf jeden Fall! Und macht euch keinen Kopf um Dinge wie Einsamkeit oder Kosten. Das Geld kriegt ihr schnell wieder zusammen.«

EUROPA

Der Nachtzug rollt in den Hauptbahnhof von Budapest ein. Gegen das helle Morgenlicht blinzelnd taumeln die ersten Festivalbesucher durch die mit Fresken verzierte Bahnhofshalle. Die Party hat gestern bereits begonnen – da die Hälfte unseres Gepäcks aus Bier besteht, hat sich unser Abteil auf der Fahrt durch Deutschland und Österreich bald zur Partyzentrale gewandelt. Jetzt schon Kater, dabei steht die eigentliche Party noch bevor … Wir sind für das Sziget angereist, eines der größten Musikfestivals Europas. In der Straßenbahn überqueren wir die Donau und fahren weiter zum Festivalgelände, das auf einer Flussinsel kurz hinter der Stadtgrenze liegt. Nachdem wir unsere Zelte an einer Stelle aufgebaut haben, die, wie sich am nächsten Tag herausstellt, etwas zu nah an den Bühnen liegt, finde ich ein schattiges Plätzchen, um ein Nickerchen zu machen. Am Spätnachmittag wache ich staubbedeckt und schweißverklebt auf mit dem dringenden Bedürfnis, kalt zu duschen. Doch ich weiß, dass ich dafür eine Stunde anstehen müsste. Zum Glück haben wir dafür eine Lösung: Zusammen mit meinen Freunden fahre ich mit der Straßenbahn in die Stadt, um die Party in ein Badehaus zu verlegen. Das Széchenyi-Bad ist das größte Heilbad seiner Art in Europa und bereits tagsüber ein magischer Anblick. Abends, wenn die neobarocken Säulengänge beleuchtet werden und sich um die drei Außenbecken tanzende Badegäste drängen, ist es die coolste Partylocation, die ich je gesehen habe. Mit einem Cocktail in der Hand tauche ich zufrieden in das warme Wasser. Das Festival hat noch nicht begonnen, aber allein für diesen Moment hat sich diese Woche bereits gelohnt.

RUNDREISE: VON DEN FJORDEN SKANDINAVIENS INS SONNIGE ITALIEN

Willst du Europa bereisen, hast du die Qual der Wahl: Städte mit beeindruckender Architektur, überwältigende Berglandschaften und urwüchsige Naturparks – das alles und noch viel mehr findest du auf diesem kompakten

INFO

KOSTEN €€€€€

BESTE REISEZEIT Der Sommer ist herrlich: grüne Wiesen, Bäume und Blumen sorgen für bunte Farbtupfer in malerischen Dörfern und oft ist es schön warm. Da um diese Zeit Hochbetrieb herrscht und dadurch die Preise höher sind, sind Frühling und Herbst gute Alternativen. In einigen Regionen Südeuropas, wo es im Sommer sehr heiß ist, kann auch in der Vor- und Nachsaison noch viel los sein. Der Winter ist die Hauptsaison für den Wintersport in Skandinavien und im Alpenraum.

MINDESTREISEDAUER Da du Europa vermutlich gut kennst, reichen ein paar Wochen pro Land, solange du dich auf bestimmte Städte und Regionen konzentrierst und nicht das ganze Land erkunden möchtest. Planst du einen Roadtrip oder eine Rundreise mit dem Zug, dann gilt natürlich: je länger, desto besser – so hast du mehr Zeit, um ab und an ein paar Tage länger an einem Ort zu bleiben und dich unter die Einheimischen zu mischen. Vor allem Nord- und Westeuropa sind teuer, verweile hier nicht zu lange, wenn dein Budget knapp ist.

VISUM Um innerhalb Europas zu reisen, brauchst du kein Visum, aber einen Reisepass oder einen Personalausweis. Ein paar Ausnahmen gibt es: Für die Türkei musst du ein elektronisches Visum beantragen, mit dem du 90 Tage im Land bleiben darfst. Auch für Russland und Belarus musst du zuerst ein Touristenvisum beantragen, mit dem du 30 Tage im Land reisen kannst (siehe Seite 205). Achtung: In der Schweiz und einigen osteuropäischen Ländern brauchst du bei einem Aufenthalt von mehr als 90 Tagen ein Visum. Als EU-Bürger benötigst du keine Arbeitsgenehmigung, um innerhalb der EU arbeiten zu dürfen.

SPRACHE In Europa gibt es 24 Amtssprachen. Sprichst du Englisch und ein paar Brocken Französisch, Spanisch oder Italienisch, kommst du damit gut zurecht. Im äußersten Osten und in Russland ist es ratsam, vorher ein paar Wörter in der Landessprache zu lernen. Nimm einen Sprachführer mit oder nutze Google Translate.

INFRASTRUKTUR Europa ist kompakt und durch seine gut ausgebaute Infrastruktur einfach zu bereisen. Fernbusse (z. B. Flixbus) und Billigfluggesellschaften sind günstige Möglichkeiten, um herumzukommen, aber ein Roadtrip mit dem eigenen Auto oder Camper ist auch eine schöne Art, diesen so vielfältigen Kontinent zu erkunden. Hier findest du einige der spektakulärsten Zugstrecken der Welt, und in vielen Ländern ist das Zugfahren sehr günstig.

ÜBERNACHTEN Hostels und Campingplätze findest du überall, genauso wie Hotels und Pensionen. In Städten findest du über Airbnb oft günstige Ferienwohnungen (in beliebten Touristengegenden solltest du aufpassen, dass du nicht in einem illegalen Apartment landest). Im höheren Segment hast du die Wahl zwischen verschiedenen Boutique-Hotels und Ressorts.

HIGHLIGHTS Island, Skandinavien, England (insbes. London), Irland, Schottland, Frankreich (insbes. Paris, Bordeaux, Côte d'Azur), Spanien (insbes. Madrid, Barcelona, Balearen), Portugal, Italien (insbes. Florenz, Rom, alle Küsten), Alpen, Amsterdam, Berlin, Krakau, Prag, Budapest, Slowenien, Kroatien, Montenegro, Rumänien, Tallinn, Sankt Petersburg, Georgien, die griechischen Inseln, Istanbul und vieles mehr

Kontinent. Hast du ein eigenes Auto, bietet sich ein Roadtrip an. Nach Nordeuropa mit seinen Designhochburgen, endlosen Wäldern und märchenhaften Fjorden; nach Südeuropa – genauer nach Italien, Spanien, Portugal – mit seinen sanften Hügeln, der fantastischen Küche und dem mediterranen Lebensgefühl; nach Westeuropa über Frankreich, Belgien und die Niederlande weiter mit der Fähre auf die britischen Inseln zur magischen irischen Küste, zu den grünen englischen Hügeln und den rauen schottischen Highlands; oder nach Osteuropa in die Urwälder Polens und die märchenhaften Städte Tschechiens und Ungarns. Möchtest du möglichst günstig übernachten, kannst du ein Zelt mitnehmen oder du tauschst dein Auto gegen einen Wohnwagen und schläfst auf Campingplätzen oder, sofern erlaubt, in der freien Natur.

Willst du deine Rundreise mit dem Zug unternehmen, ist das Interrail-Ticket eine gute Option: Mit dem Interrail Global Pass kannst du mit dem Zug 33 Länder Europas bereisen (siehe Seite 203). Bist du unter 28 Jahre alt, bekommst du einen Rabatt. Bist du 18 Jahre alt, kannst du dich für DiscoverEU bewerben, um den kostenlosen Travel-Pass zu erhalten, mit dem du quer durch Europa fahren kannst. Wenn du nur ein paar ausgewählte Länder bereisen möchtest, ist es immer gut, vorab zu recherchieren, ob du nicht mit einzeln gebuchten Zugtickets günstiger wegkommst. In vielen Ländern findet zudem gerade eine Renaissance der Nachtzüge statt: Eine nächtliche Reise mit dem Zug von London nach Schottland oder von Paris nach Venedig hat romantisches Flair, und du kannst so Übernachtungskosten sparen.

DIE CREDIT POINTS, DIE DU IM AUSLAND SAMMELST, WERDEN DIR DAHEIM ANGERECHNET

In jedem Fall findest du überall Hostels oder Jugendherbergen, bei denen du relativ günstig übernachten kannst. In größeren Städten zahlst du meist mehr – reist du mit jemandem zusammen, ist Airbnb oder ein Hotel manchmal die bessere Wahl.

ERASMUS & (SPRACH-)KURSE

Angesichts der großen Sprachenvielfalt bietet sich Europa für einen Sprachkurs an. Naheliegend sind natürlich Italien und Spanien, aber auch Großbritannien, wenn du dein Englisch aufpolieren möchtest, oder Russland. Hast du keine Lust auf Sprachen, möchtest aber gerne etwas Neues lernen, könntest du etwa in Portugal oder an der Atlantikküste Frankreichs einen Surfkurs, in Italien oder Spanien einen Kochkurs oder in Kroatien oder Griechenland einen Segelkurs belegen.

Möchtest du für ein oder zwei Semester im europäischen Ausland studieren, kannst du von einem einzigartigen Programm profitieren: Erasmus ist eine Initiative der Europäischen Kommission, die den Austausch von Studierenden innerhalb der EU fördert. Mindestens drei und höchstens zwölf Monate kannst du als Student einer Uni oder Hochschule in einem der teilnehmenden Länder studieren. Du bezahlst während dieser Zeit die Studienbeiträge deiner Heimatuni weiter, und Credit Points, die du im Ausland sammelst, werden dir daheim angerechnet. Und noch ein Bonus: Du bekommst ein kleines Stipendium. Es gibt unzählige teilnehmende Städte – frag am besten beim International Office deiner Hochschule oder Uni nach der Liste der Partnerhochschulen. Siehe zum Thema Erasmus auch das Interview mit Cathelijn ab Seite 33.

PRAKTIKUM & SAISONARBEIT

Möchtest du auf deiner Reise etwas dazuverdienen, ist Europa optimal: Als EU-Bürger brauchst du dafür keine Genehmigung. Die Jobmöglichkeiten sind so vielfältig wie die Kulturen – zum Beispiel könntest du im Sommer auf einem Campingplatz in Spanien jobben, im Herbst bei der Weinernte in Frankreich aushelfen, im Winter Skiunterricht in den Alpen geben oder mit Huskys in Lappland arbeiten und dir zu Beginn der Urlaubssaison einen Job in der Gastronomie auf Ibiza sichern. Neben Saisonarbeit gibt es natürlich das ganze Jahr über Jobs im Tourismus, etwa in Hotels oder als Reiseführer, oder du arbeitest als Au-pair.

Wenn du durch den Job im Ausland eine größere Summe ansparen möchtest, um anschließend weiter herumzureisen, musst du bedenken, dass die Lebenshaltungskosten in Europa recht hoch sind, der Mindestlohn ist es jedoch häufig nicht. Dennoch kann man durchaus gut bezahlte Jobs finden. Als Deckhand oder Stewardess auf einer Jacht verdienst du zum Beispiel schnell 2 500 Euro pro Monat und bekommst Kost und Logis gestellt. Auch

ohne relevante Erfahrung (aber mit den erforderlichen Zertifikaten) kannst du in Jachthäfen wie Antibes auf kleineren Jachten für einen mehr als ordentlichen Tageslohn anheuern. Mit dieser Erfahrung kannst du dir letztlich auch einen langfristigen Job an Bord einer Megajacht sichern.

Auch ein Praktikum ist eine tolle Möglichkeit, um ins europäische Ausland zu kommen. Dank der EU ist das einfach zu realisieren. Informiere dich beim International Office deiner Hochschule oder Uni, ob sie Kontakte zu Anbietern im EU-Ausland haben. Ich erwähnte es bereits, aber du solltest dabei bedenken, dass ein Praktikum dich in der Regel mehr Geld kosten wird, als du damit verdienst. Lese dir dazu auch auf den folgenden Seiten das Interview mit Esmay zu ihren Erfahrungen als Praktikantin in Barcelona durch.

FESTE RUND UM DEN GLOBUS

Diese Spektakel sind eine Anreise mehr als wert.

// Liebst du Feuerwerk? Dann musst du unbedingt in China, Südkorea oder Taiwan das **Chinesische Neujahr** einläuten (Januar / Februar).

// Es ist eines der schönsten Feste der Welt: der **Karneval** in Rio de Janeiro, Brasilien (Februar).

// Feiere den Frühlingsanfang beim **Holi-Fest** in Indien mit farbenfrohem Pulver und Wasserschlachten (Februar / März).

// Dass die Iren wissen, wie man feiert, ist bekannt, aber beim **St. Patrick's Day** geht so richtig die Post ab (März).

// Ein Wüstenfest mit Tanz, Musik und kunstvollen Holzkonstruktionen, die verbrannt werden – das amerikanische **Burning Man** und das südafrikanische **AfrikaBurn** feiern die Kreativität (August / September USA; April / Mai Südafrika).

// Ist eine Essensschlacht mit reifen Tomaten nach deinem Geschmack? Dann solltest du in das Dörfchen Buñol in Spanien für **La Tomatina** reisen (August).

// Der **Tag der Toten** ist ein farbenfrohes Fest in Mexiko – mit dem Disney-Film Coco kannst du dich einstimmen (November).

ESMAY VERSCHUREN (25) ist Unternehmerin und führt den Fairtrade-Onlineshop Pretty ECO mit Geschenkartikeln aus Sri Lanka. Während des Studiums machte sie ein sechsmonatiges Praktikum in Barcelona.
@todayesmay | prettyeco.com

Warum wolltest du länger weg? »Ich war 19, wohnte noch zu Hause und in meinem Studium Kommunikation und Multimedia-Design bekam ich die Chance, ein Praktikum im Ausland zu machen. Also habe ich sie ergriffen! Im Jahr zuvor hatte ich einen Städtetrip nach Barcelona unternommen. Ich fand die Stadt so toll, dass ich am liebsten sofort hingezogen wäre. Als ich mich dann nach einem Praktikumsplatz umsah, hatte ich die ganze Zeit Barcelona vor Augen. Offenbar hat das funktioniert.«

Wie hast du die Stelle gefunden? »Ich habe ›Webdesign-Büro Barcelona‹ gegoogelt. Die erste Firma, die mir angezeigt wurde, hatte zufälligerweise einen niederländischen Chef und passte zu meiner Fachrichtung. Also habe ich gleich angerufen. Es war von Anfang an perfekt.«

DIE DINGE, DIE ICH IM PRAKTIKUM IN BARCELONA GELERNT HABE, NUTZE ICH BIS HEUTE

Wie hoch war dein Budget und wie hast du gespart? »In dem Jahr, bevor mein Praktikum beginnen sollte, arbeitete ich 16 Stunden pro Woche im Elektronikmarkt. Ich habe das Geld bewusst beiseitegelegt und mir die Lohnsteuerrückzahlung auch nicht monatlich, sondern erst am Ende des Jahres auszahlen lassen. Das waren zusammen dann ein paar tausend Euro, insofern hatte ich gleich ein kleines Polster. Außerdem bekam ich 200 Euro Praktikumsvergütung und dazu ein Stipendium von meiner Hochschule in Höhe von 150 Euro pro Monat. Ich ließ mir die Reisekostenzuschüsse ausbezahlen, das waren 100 Euro pro Monat. Zusammen mit meinem BAföG kam ich insgesamt auf ungefähr 600 Euro Einnahmen. Mit meinem gesparten Puffer war das ausreichend.«

Und dann ging es los. Ganz allein. Wie war die erste Woche? »Schrecklich. Mein Praktikum hatte noch nicht begonnen, und ich kannte niemanden. Ich bin introvertiert, es fällt mir sehr schwer, auf Menschen zuzugehen. Nach einer Woche habe ich gegoogelt ›Wie findet man Freunde in Barcelona?‹ – Google, mein bester Freund, haha – und stieß auf eine Organisation, die am folgenden Tag für Erasmusstudenten einen Spaziergang durch das Viertel organisierte, in dem ich wohnte. Also bin ich dorthin gegangen und traf auf fünfzig Studenten, die alle für ein Semester in Barcelona waren. Ihr Semester fiel genau mit meiner Praktikumsdauer zusammen, so habe ich mich mit vielen angefreundet. Danach wurde es richtig toll.«

Wie war es, in Barcelona zu wohnen, nachdem du dich eingelebt hattest?
»Wundervoll! Es ist so eine schöne Stadt. Man ist viel draußen unterwegs
und essen zu gehen ist etwas günstiger als in den Niederlanden. Meine
Mittagspause war zwei Stunden lang, also gingen wir immer auswärts essen.
Abends traf ich mich mit Freunden, und am Wochenende zogen wir um
die Häuser oder gingen zum Strand. Zu Hause wäre ich nie jedes Wochenende ausgegangen, aber so ist das nun mal in der Erasmus-Bubble. Ich
hatte Freunde aus Spanien, Portugal, Frankreich, Italien, Polen, Südamerika,
Belgien und den Niederlanden.«

Wie war das Praktikum? »Es hat mich sehr weitergebracht, eigentlich mehr
als mein Studium. Die Dinge, die ich im Praktikum gelernt habe, nutze ich
bis heute. Es war eine echt wertvolle Arbeitserfahrung. Mein Chef bezog
mich stark in die Prozesse ein, wodurch ich auch Einblicke bekam, wie es ist,
eine eigene Firma zu leiten. Durch dieses Praktikum habe ich letztlich mein
eigenes Start-up gegründet.«

Was hat dir diese Phase deines Lebens außerdem gebracht? »Ich habe tolle
Freunde gefunden, durfte andere Kulturen kennenlernen und erfuhr auch
viel über mich selbst. Durch das Praktikum bin ich erwachsen geworden. Mir
wurde klar, dass ich viel mehr kann, als ich bis dahin angenommen hatte.
Auch was das Reisen betrifft: Ich wusste nun, dass ich mir ruhig zutrauen
konnte, gewagtere Reisen zu unternehmen. Deshalb bin ich später auch
noch für einen Monat nach Sri Lanka gegangen, wovon ich zuvor Jahre lang
geträumt hatte.«

**Hast du Tipps für Leser, die auch ein Semester oder ein Praktikum im Aus-
land absolvieren wollen?** »Es ist völlig okay, diesen Schritt beängstigend zu
finden. Das ist es ja schließlich auch! Man konfrontiert sich mit Dingen, die
man noch nie gemacht hat. Aber was du für deinen Mut zurückbekommst, ist
es mehr als wert. Das wird schon!«

AFRIKA & DER NAHE OSTEN

Der Malawisee in Ostafrika ist der neuntgrößte See der Welt: etwa fünfzigmal so groß wie der Bodensee. Der Ausblick von der Hütte, in der ich mit meinem Freund übernachte, wirkt eher asiatisch. Unser Haus steht auf einem Felsen, und wenn ich von der Veranda hinunterschaue, sehe ich farbenfrohe Fische, die zwischen den glatt polierten Felsen im türkisen Wasser schwimmen. Wir schlafen in der einzigen Öko-Lodge auf Mumbo Island, die ansonsten völlig unbewohnt ist. Morgens werden wir von den zwitschernden Vögeln geweckt, die durch die offenen Türen unserer Hütte hineinfliegen. Unsere Dusche ist ein Eimer in einem halb offenen Bad mit Seeblick. Es gibt keinen Strom, aber das macht nichts, wenn man den ganzen Tag schwimmen, schnorcheln, Kanu fahren und sich am Lagerfeuer wärmen kann. Abends prosten wir uns mit einem kalten Bier zu und beobachten den Sonnenuntergang, bei dem der Himmel in Flammen steht und sich von tiefrot erst lila und dann zartrosa färbt. Wenn es dunkel wird, erscheint die Milchstraße wie ein weißer Pinselstrich am dunklen Himmel. Ein funkelnder Nachthimmel, der sich im See spiegelt, wenn die Fischer in der Ferne ihre Sturmlampen anzünden. Als der Entdeckungsreisende David Livingstone den Malawisee vor 150 Jahren erstmals erblickte, nannte er ihn Lake of Stars.

RUNDREISE: VON KAPSTADT NACH KATAR

Afrika und der Nahe Osten gelten als gefährliche Reiseziele. Ein Vorurteil, denn beide vereinen viele unterschiedliche Länder und bieten unterschiedlichste Erfahrungen, sodass jeder Reisende auf seine Kosten kommt. Ja, Backpacken ist eine größere Herausforderung als in Asien oder Südamerika, und eine Safari kostet einiges. Aber wenn du dich eingehender mit den

INFO

KOSTEN €€€

BESTE REISEZEIT Ganz allgemein sind Frühling und Herbst die beste Zeit für einen Besuch in Afrika und im Nahen Osten. Die Sommer in Nordafrika und auf der Arabischen Halbinsel sind enorm heiß. Südlich der Sahara, wo der Äquator den afrikanischen Kontinent durchtrennt, ist der Winter (bei uns ist dann Sommer) ziemlich kühl. Je südlicher man kommt, desto frischer wird es. In Ostafrika fällt die lange Regenzeit in die Monate zwischen März und Mai und die kurze Regenzeit in die Monate zwischen Oktober und Dezember. Wenn du eine Safari planst und viele Wildtiere sehen möchtest, ist die Trockenzeit optimal.

MINDESTREISEDAUER Afrika ist riesig: Möchtest du alle Länder besuchen, brauchst du dafür dein halbes Leben. Entscheidest du dich für ein bestimmtes Land in Afrika oder im Nahen Osten, reichen ein paar Wochen. Willst du mehrere Länder bei einer Rundreise kombinieren, sind ein bis zwei Monate besser.

VISUM Es gibt für die einzelnen Länder zu viele verschiedene Visumbestimmungen, um hier alle aufzuführen. Wichtig ist, dass dein Reisepass zum Zeitpunkt der Reise noch mindestens sechs Monate gültig ist und genug leere Seiten für die Visastempel enthält. In einigen Ländern wie Südafrika benötigst du für einen Aufenthalt von weniger als 90 Tagen kein Visum. In anderen Ländern wie Oman kannst du bei deiner Ankunft am Flughafen ein Visum beantragen. Das geht am einfachsten, wenn du in US-Dollar bezahlst. Dollar sind in dieser Region ohnehin praktisch, insofern solltest du dir schon zu Hause einen gewissen Betrag umtauschen lassen. Für wiederum andere Länder musst du vorab ein Visum beantragen – online oder über die Botschaft. Das solltest du rechtzeitig in Erfahrung bringen, da du in manchen Fällen deinen Reisepass vorher an die Botschaft schicken musst.

SPRACHE Im Nahen Osten sind Arabisch und Persisch die gängigsten Sprachen. Wenn du ein paar Worte in der Landessprache lernst und ansonsten Englisch sprichst, kommst du damit gut über die Runden. In Afrika gibt es über tausend verschiedene Sprachen, aber in Westafrika wird viel Französisch gesprochen und in Ost- und Südafrika viel Englisch. In Südafrika sprechen einige Menschen neben Englisch auch Niederländisch oder sogar Deutsch.

INFRASTRUKTUR Da Afrika so groß ist, ist man beim Durchqueren oft auf Kontinentalflüge angewiesen. Die Qualität der Straßen variiert sehr, aber ganz allgemein gilt, dass ein Wagen mit Allradantrieb sinnvoll ist, wenn du einen Roadtrip unternehmen möchtest. In der Regenzeit können einige Straßen unbefahrbar werden. Möchtest du nicht selbst hinterm Steuer sitzen, sind Fernbusse in vielen Ländern eine Option. Es gibt inzwischen auch eine stattliche Anzahl an Zugstrecken. Im Nahen Osten sind die Straßen meistens gut, in Ländern wie den Vereinigten Arabischen Emiraten und Oman sogar sehr gut. Benzin ist hier ein gutes Stück günstiger als in Deutschland, insofern ist ein Roadtrip eine tolle Möglichkeit, diese Länder zu erkunden. Fliegen geht natürlich auch; im Nahen Osten sind einige der besten Fluggesellschaften der Welt angesiedelt.

ÜBERNACHTEN Hostels sind vor allem an den bekannten Reiserouten zu finden, bezahlbare Hotels sind fast überall verbreitet. Wildkampieren ist zwar oft möglich, erkundige dich aber in Nationalparks nach den Regeln. Hast du ein etwas größeres Budget, solltest du dich in Ost- und Südafrika in einer der fantastischen Safari-Lodges einquartieren.

HIGHLIGHTS Kapverden, Marokko, Ägypten, Sahara, Dakar, Lagos, Äthiopien, Kenia (insbes. Masai Mara), Ruanda und Uganda (insbes. Gorilla-Trekking), Tansania (insbes. Serengeti, Kilimandscharo), Sansibar, Safari in Sambia, Malawi, Simbabwe, Botswana, Namibia oder Südafrika, Viktoriafälle, Kapstadt, Madagaskar, Mauritius, Seychellen, Jerusalem, Tel Aviv, Petra, Wadi Rum, Vereinigte Arabische Emirate, Rub al-Chali, Oman und Iran

verschiedenen Ländern beschäftigst, wirst du merken: Egal ob du einen Low-Budget-Roadtrip unternimmst und wild kampierst oder dir Luxusübernachtungen in Safari-Lodges gönnst – in jedem Fall wird es eine unvergleichliche Erfahrung.

Nördlich der Sahara kannst du die märchenhaften Städte Marokkos erkunden wie die Königsstadt Marrakesch oder die Surfmetropole Essaouira. Eine einzigartige Erfahrung ist es auch, in der Sahara oder im Atlasgebirge zu übernachten. Ägypten hat turbulente Jahre hinter sich, doch die Pyramiden oder andere Bauwerke aus dem Altertum bleiben nach wie vor ein Weltwunder, das man gesehen haben muss, zumal sich dort momentan weniger Menschen tummeln. Die Gastfreundschaft in Afrika und im Nahen Osten ist legendär und die Küche vorzüglich – angefangen bei Tajine in Marokko bis hin zu Mezze in Jordanien.

Auf der Arabischen Halbinsel findest du einen faszinierenden Mix aus Tradition und Moderne. In Jordanien, dem Land von Lawrence von Arabien, kannst du die berühmte rote Felsenstadt Petra und andere jahrtausende-

DIE GREAT MIGRATION GEHÖRT AUF DEINE BUCKETLIST

alte Ruinenstädte bewundern. Um zu sehen, wie die Traditionen des Nahen Ostens auch im 21. Jahrhundert gepflegt werden, solltest du nach Oman reisen, wo du über Maskat einen Roadtrip Richtung Süden machen kannst, entlang von Stränden, an denen Meeresschildkröten ihre Eier ablegen und man wild kampieren darf. Einen Blick auf den Nahen Osten der Zukunft kannst du in den Vereinigten Arabischen Emiraten werfen, wo Dubai und Abu Dhabi mit ihren Wolkenkratzern wie eine Fata Morgana in der Wüste aufragen. Der Iran ist ein Land, das sich eher bedeckt hält, aber eine reiche Kultur besitzt.

Und dann gibt es da noch das Afrika südlich der Sahara: Im Westen findest du lebendige Städte wie Dakar und Lagos, doch die meisten Reisenden entscheiden sich für eine Rundreise durch Ost- oder Südafrika. Äthiopien ist das einzige afrikanische Land, das nie einer europäischen Kolonialmacht angehörte, und hat eine faszinierende Geschichte, die noch immer sichtbar ist, etwa in den Felsenkirchen von Lalibela. In Kenia und Tansania findet jedes Jahr die Great Migration, die große Gnuwanderung, statt, die auf deine Bucketlist gehört. Für eine Safari kannst du auch nach Malawi, Namibia, Botswana, Südafrika oder Sambia und Simbabwe fahren, wo es die tosenden Viktoriafälle zu bestaunen gibt. In Ruanda und Uganda kannst du auf eine Dschungel-Wanderung gehen, um wilde Gorillas zu beobachten. Südafrika ist das berühmteste Reiseziel für Safaris auf dem Kontinent, aber viele kommen auch wegen Kapstadt, der pulsierenden Metropole, wo man leicht ein paar Monate hängen bleiben kann. Willst du den Trubel der Großstadt und den Staub der Savannen von dir abspülen, lohnt sich eine Reise auf eine der paradiesischen Inseln Afrikas wie Sansibar, die Seychellen, Mauritius, São Tomé und Príncipe oder die Kapverden. Madagaskar bietet eine einzigartige Flora und Fauna: angefangen bei Makis bis hin zu den mächtigen Affenbrotbäumen.

KURSE, ARBEITEN & FREIWILLIGENARBEIT

Egal ob ein Französischkurs in Dakar oder ein Arabischkurs in Amman – in Afrika und im Nahen Osten findest du jede Menge interessanter Kurse. In Ost- und Südafrika gibt es zudem die Möglichkeit, Umweltschutzpraktika zu machen, bei denen du mehr über die täglichen Herausforderungen erfährst, die mit dem Schutz bedrohter Tierarten einhergehen. Selbst Arbeit zu finden, ist in diesen Regionen nicht so leicht, aber mit einschlägiger Erfahrung in der Gastronomie besteht die Chance, ein Praktikum oder einen Job bei einer Lodge zu finden. Gerade im südlichen Afrika gibt es nicht wenige Safari-Lodges, die von Deutschen geleitet werden, sodass du problemlos Kontakt aufnehmen kannst.

Im Nahen Osten findest du vor allem in Dubai und Abu Dhabi eine große Expat-Community, sodass dort ein großer Bedarf an Au-pairs und Englisch- sowie auch Deutschlehrern besteht. Normalerweise sind die Lehrerjobs gut bezahlt, insofern lohnt sich die Investition in ein TEFL-Zertifikat (siehe auch Seite 203).

Auf dem afrikanischen Kontinent gibt es zahlreiche Möglichkeiten für Freiwilligenarbeit. Wie bereits erwähnt, ist das mit Sicherheit eine der sinnvollsten Arten, einen Auslandsaufenthalt zu verbringen. Aber es ist wichtig, sich vorab gut zu informieren. Stell sicher, dass die Organisation, die du im Auge hast, nicht Wildtiere für ihre Projekte missbraucht oder Kinder in Waisenhäuser steckt, die eigentlich gar keine Waisen sind. Viele nehmen an Freiwilligenprojekten mit der Absicht teil, anderen etwas Gutes zu tun und gleichzeitig selbst daran zu wachsen. Letzteres ist bestimmt der Fall, denn es ist eine echte Herausforderung, bei der du dich selbst besser kennenlernst und herausfindest, was du alles bewerkstelligen kannst (Lies dazu auch das Interview mit Anne auf den folgenden Seiten). Tatsächlich ist es jedoch oft schwierig, wirklich etwas zu bewirken und einen Ort nachhaltig zu verbessern, wenn du nur für ein paar Wochen oder Monate bleibst. Wenn du dir das vorher bewusst machst, kannst du dir jede Menge Enttäuschungen ersparen. Wie bereits erwähnt, findest du auf der Website wegweiser-freiwilligenarbeit.com eine Auswahl an seriösen und nachhaltigen Freiwilligenprojekten (siehe auch Seite 202).

BUCKETLIST-ERFAHRUNGEN

Entdecke die Perlen Afrikas.

// Die Pyramiden in Ägypten besichtigen
// Die Great Migration (Gnuwanderung) erleben
// Den Kilimandscharo besteigen
// An den Stränden Sansibars die Seele baumeln lassen

// Die überwältigenden Viktoriafälle besuchen
// Die Big Five im Kruger-Nationalpark entdecken
// Einen Städtetrip nach Kapstadt unternehmen

ANNE VERHAGEN (32) ist Physiotherapeutin. Nach dem Abi reiste sie für ein fünfmonatiges Freiwilligenprojekt nach Ostafrika und ging dann für drei Monate nach Rom, um dort Italienisch zu lernen. **@annemmverhagen**

Warum wolltest du nach dem Abi ein Jahr Auszeit einlegen? »Ich hatte keine schöne Schulzeit gehabt. Eigentlich war es meine Mutter, die mir vorschlug, ein Jahr eine Auszeit zu nehmen. Ich war 18 und noch nie außerhalb Europas gewesen, aber sofort begeistert von der Idee. Also hab ich mich auf die Suche nach Organisationen gemacht, was damals noch recht aufwendig war, und bin schließlich über ein Reisebüro an eine britische Organisation gekommen, die Freiwilligenreisen nach Afrika und Asien anbot.«

Warum wolltest du als Freiwillige ins Ausland gehen? »Ich wollte gerne etwas für andere tun, wirklich etwas Konkretes mit meinem Jahr anfangen. Und mir war auch klar, dass es für meine persönliche Entwicklung bestimmt eine wertvolle Erfahrung sein würde. Zu Hause hatte ich Hockeytraining gegeben, insofern wusste ich, dass ich es mochte, ein Team anzuleiten. Deshalb sprach mich die Idee zu unterrichten auf Anhieb an. Letztlich habe

ICH HABE AUF DER REISE GELERNT, DIE DINGE IN PERSPEKTIVE ZU RÜCKEN

ich drei Monate in einer Grundschule in Uganda gearbeitet und bin danach noch zwei Monate durch Ostafrika gereist. Im Anschluss war ich zwei Monate daheim und habe danach noch drei Monate in Rom verbracht, um Italienisch zu lernen.«

Wie hast du das Finanzielle geregelt? »Ich hatte einen Nebenjob, so konnte ich etwas sparen. Aber der Flug war ziemlich teuer, außerdem musste ich der Organisation einen hohen Beitrag zahlen, dann kam noch der Sprachkurs dazu. Deshalb haben meine Eltern mir ausgeholfen. Insgesamt hat mich mein Auslandsjahr ungefähr 10 000 Euro gekostet.«

Wie waren die ersten Tage in Uganda? »Ich war die einzige Niederländerin in unserer Gruppe, wir waren in einem kleinen Dorf untergebracht. Das war ein ziemlicher Kulturschock, weil wir quasi nur das Nötigste hatten. Morgens stand ich auf und hatte kein fließendes Wasser, duschen ging deshalb nur mit einer Kanne. Die Toilette war ein Loch im Boden, und es gab nur ab und zu Strom. Faszinierend war, wie schnell man sich daran gewöhnt und wie man schnell lernt, selbst die kleinsten Dinge wertzuschätzen. Wenn es regnete, dann in Strömen. So konnte ich draußen im Bikini duschen – einfach der Wahnsinn!«

Wie war die Freiwilligenarbeit? »Ich wohnte noch mit drei anderen Freiwilligen in einem kleinen Haus auf dem Schulgelände, und wir gaben immer zu zweit an derselben Schule Unterricht. Unser Unterricht lief zusätzlich zu den regulären Lehrstunden, insofern hatten wir viele Freiheiten. Vor allem der

Sportunterricht hat mir viel Spaß gemacht. Wir hatten Hockeyschläger von zu Hause mitgebracht, also habe ich ein Hockey-Lernprogramm erstellt, ein Team aufgestellt und dann jede Woche mit den Kindern trainiert. Am Ende des Schuljahrs haben wir einen Hockeywettbewerb organisiert, bei dem zwei Schulen gegeneinander antraten. Das werde ich nie vergessen!«

Was war für dich die wertvollste Erfahrung? »Die Freundschaften. Mit den Briten, mit denen ich vor Ort zusammengearbeitet habe, habe ich mich richtig gut angefreundet. Wir besuchen uns noch heute jedes Jahr gegenseitig, haben uns zu unseren Hochzeiten eingeladen und erst voriges Jahr habe ich eine Freundin besucht, die inzwischen in Vietnam unterrichtet.«

Wie war es, nach fünf Monaten wieder zurückzukommen? »Das war ein echter Kulturschock, sowohl hin als auch zurück. In Europa ist so vieles selbstverständlich. Ich merkte, dass es mir schwerfiel, mir die Probleme meiner Mitmenschen anzuhören. Aber letztlich bin ich durch meine Erfahrungen vor allem dankbar für alles, was wir haben.«

Was hat dir diese Reise gebracht? »Ich musste in jeder Hinsicht meine Komfortzone verlassen, aber diese Erfahrung möchte ich nicht missen. Ich habe auf der Reise gelernt, die Dinge in Perspektive zu rücken, das hilft mir noch heute im Alltag. Ich habe mich selbst besser kennengelernt, was manchmal gar nicht so leicht war. Diese Erfahrung hat mein Leben vollständig verändert. Das möchte ich auch gern anderen als Tipp mitgeben: So eine Zeit im Ausland bringt dir mehr, als du im Vorfeld vielleicht ahnst. Mir fällt tatsächlich kein Grund ein, weshalb man es nicht tun sollte!«

KAPITEL 8
ASIEN

Manchmal hat man auf Reisen Begegnungen, die man sich nicht hätte erträumen können. Wie als ich im Flugzeug von Hongkong nach Kaohsiung in Taiwan saß. Ich war allein unterwegs, hatte bereits auf dem Flug nach Hongkong viel geschlafen und langweilte mich. Das einzige Buch, das ich dabeihatte, war tief in meinem Koffer vergraben, und es gab keine Bildschirme, sodass ich mich auch nicht mit Filmen ablenken konnte. Doch neben mir saß ein taiwanischer Mann in meinem Alter. Wie das so passiert, kamen wir ins Gespräch und schon bald waren wir dabei, uns unsere Lebensgeschichten zu erzählen. Er berichtete von seinem Studium in Deutschland und seiner Freundin in Taiwan und ich von meiner Arbeit als Zeitschriftredakteurin und den Reisen, die ich dafür unternahm. Wir redeten über seine Heimatstadt Kaohsiung, nach Taipeh die größte Stadt Taiwans, aber mit viel weniger Touristen. Als ich meinte, dass ich die Night Markets besuchen wollte, schlug er vor, mich zu begleiten. Am Abend holte er mich mit seinem Motorroller am Hotel ab und im Nu schlängelten wir uns durch den chaotischen Verkehr zu den verschiedenen Märkten. Das war ein cooler Abend. Ich hatte noch nie so viele bizarr aussehende, aber unfassbar leckere Gerichte probieren dürfen, mit einem Übersetzer an der Seite. Als ich nicht mehr gegen den Jetlag ankam, setzte er mich wieder am Hotel ab. Eine bessere Einführung in die taiwanesische Gastfreundschaft hätte ich mir nicht wünschen können.

RUNDREISE: VON HONGKONG ZUM HIMALAJA

Allein wegen der kulinarischen Highlights steht Asien bei vielen ganz oben auf der Bucketlist: Angefangen bei Yakitori aus Japan und Thai-Currys bis hin zu vietnamesischer Pho-Suppe. Auch die günstigen Preise machen Asien so anziehend: für einen Euro bekommt man einen Teller mit vorzüglichem Streetfood und für nur fünf Euro ein Bett in einem Hostel-Schlafsaal. Ob du nun durch mehrere Länder backpacken oder für ein, zwei Monate in einer Luxusvilla auf Bali chillen willst – hier kriegst du für dein Geld mehr als irgendwo auf der Welt.

INFO

KOSTEN €

BESTE REISEZEIT Südostasien liegt in den Tropen, insofern ist es immer schön warm. Allerdings muss man auch die Monsunzeiten beachten, die sich von Land zu Land unterscheiden. Wenn dir ein paar heftige Regengüsse am Tag nichts ausmachen, kannst du dann noch günstiger reisen. In Nordostasien sind die Jahreszeiten stark ausgeprägt: Im Herbst erstrahlt Japan in bunten Farben und im Winter kann man dort Ski fahren. Nördlich der Chinesischen Mauer und in der Mongolei herrscht dann extreme Kälte. Der Frühling ist dank der milden Temperaturen prima zum Reisen. Im Sommer ist es warm, nass und es ist Taifunsaison.

MINDESTREISEDAUER Besuchst du eine bestimmte Region in Asien oder eine kleinere Insel, dann reichen ein paar Wochen. Willst du mehrere Inseln kombinieren oder eine Rundreise durch ein großes Land unternehmen, solltest du dafür rund acht Wochen einplanen. Kombinierst du mehrere Länder oder willst längere Zeit an einem Ort verbringen, dann kommen leicht drei Monate zusammen.

VISUM Für viele Länder Südostasiens benötigst du ein Visum on Arrival, das du, wie der Name schon sagt, vor Ort am Flughafen bekommst. Damit darfst du in der Regel 30 Tage im Land bleiben. In einigen Ländern ist es ziemlich einfach, das Visum in den großen Städten für weitere 30 Tage zu verlängern. Für Thailand, die Philippinen, Malaysia, Singapur, Japan, Südkorea, Brunei und Taiwan benötigst du kein Visum; stattdessen bekommst du bei der Ankunft einen Stempel in den Reisepass, mit dem du (meist) bis zu 30 Tage im Land bleiben darfst. Für die folgenden Länder musst du vor deiner Reise online oder bei der Botschaft ein Visum beantragen: China, Indien, Sri Lanka, Myanmar, Vietnam und die Mongolei.

SPRACHE In Asien werden Hunderte Sprachen gesprochen – Mandarin, Hindi und Japanisch zählen zu den bekanntesten. In den großen Städten, in Indien und entlang der typischen Backpacker-Routen kommst du mit Englisch gut zurecht. Beabsichtigst du, in ein abgelegeneres Gebiet zu fahren, kann ein Sprachführer nützlich sein.

INFRASTRUKTUR Bei Transportmitteln hast du die Wahl: von Rikschas bis zum luxuriösen Orient-Express. Ein Roadtrip mit dem Auto ist oft nicht machbar, aber einen Motorroller oder ein Motorrad zu leihen, ist eine gute Alternative. Mach dich aber auf hektischen Verkehr gefasst. Willst du bei dem Verkehrsaufkommen nicht selbst fahren, kannst du dich auch für eine Zugreise quer durch den Kontinent entscheiden, mit der Fähre oder dem Fernbus fahren oder mit einer der vielen Fluggesellschaften fliegen.

ÜBERNACHTEN Hostels sind sehr günstig, sodass du dort auch ein Privatzimmer buchen kannst. Überlege dir, in einer Stadt ein Apartment, ein Häuschen am Strand oder einen Bungalow zwischen Teefeldern anzumieten – wenn du vorhast, länger zu bleiben, muss das gar nicht teuer sein.

HIGHLIGHTS Indien (insbes. Taj Mahal, Mumbai), Sri Lanka, Malaysia (insbes. Kuala Lumpur), Singapur, Thailand (insbes. Bangkok, Strände), Myanmar (insbes. Bagan), Laos (insbes. Dschungel), Kambodscha (insbes. Angkor Wat), Vietnam (insbes. Halong-Bucht), Indonesien (insbes. Bali), die Philippinen, China (insbes. Chinesische Mauer, Peking, Shanghai), Hongkong, Mongolei, die »Stan«-Länder (Afghanistan, Kasachstan, Kirgistan, Pakistan, Tadschikistan, Usbekistan), Nepal, Taiwan, Südkorea (insbes. Seoul), Japan

Viele Asienreisende starten in Thailand, weil von allen großen Flughäfen in Europa bezahlbare Flüge nach Bangkok gehen, aber auch weil es als klassisches Backpacker-Ziel gilt. Willst du von der Hauptstadt Richtung Süden aufbrechen, kannst du dem berühmten Backpacker Trail folgen und von den vielen Einrichtungen für die Wanderer Gebrauch machen. Auch als Alleinreisender ist Thailand das optimale Einstiegsland. Du wirst schnell Anschluss finden, und die thailändischen Strände und Inseln sind nicht umsonst weltberühmt. Willst du lieber abseits der ausgetretenen Pfade unterwegs sein, bietet sich der nicht minder spektakuläre, aber weniger touristische Norden Thailands an. Malaysia, Indonesien und die Philippinen sind auch gute Alternativen, die ebenso schöne Strände wie Thailand, die vielleicht besten Tauch- und Schnorchelspots der Welt und eine reichhaltige Kultur besitzen. Bali ist kein Geheimtipp mehr, aber du kannst an der Westküste den Massen aus dem Weg gehen.

Auf dem Festland von Südostasien findest du ehrfurchtgebietende Tempelanlagen wie Bagan in Myanmar und Angkor Wat in Kambodscha, aber auch Naturwunder wie den dichten Dschungel in Laos oder die einzigartigen Kalkfelsen in der Halong-Bucht in Vietnam. All diese Länder lassen sich bei einer Rundreise gut kombinieren. Indien hingegen ist riesig. Jeder Bundesstaat bietet eine ganz eigene Faszination: vom Taj Mahal in Uttar Pradesh über die überwältigenden Paläste von Rajasthan bis hin zu den Stränden in Goa. Nördlich von Indien lockt Nepal mit den höchsten Gipfeln der Welt und Tälern mit malerischen Dörfern. Südöstlich von Indien liegt der Inselstaat

IN ASIEN BEKOMMST DU FÜR DEIN GELD MEHR ALS IRGEND- WO AUF DER WELT

Sri Lanka: Hier kannst du Strandurlaub mit einem Ausflug ins grüne Landes-innere kombinieren und Tempel sowie wilde Elefanten besichtigen.

In nordostasiatischen Ländern wie Japan oder Südkorea musst du tiefer in die Tasche greifen, dafür kannst du Kulturen entdecken, in denen Mo-derne und jahrhundertealte Traditionen gleichberechtigt nebeneinander existieren. Das riesige China lässt sich nicht in ein paar Worten abhandeln. Die meisten Reisenden halten sich an die großen Städte und machen einen Abstecher zur Chinesischen Mauer. Wenn du aber bereit bist, ein bisschen Chinesisch zu lernen und dich weiter ins Landesinnere vorzuwagen, warten unberührte Naturparadiese und Dörfer auf dich, in die noch nie ein Tourist einen Fuß gesetzt hat.

KURSE, UNTERRICHTEN & MEHR

Asien eignet sich hervorragend, um Kurse zu besuchen. Vor allem in Südost-asien sind die Preise niedrig und auch die Kosten für den Lebensunterhalt bezahlbar. Was Sprachkurse angeht, ist Japan mit Abstand das beliebteste Ziel. In Tokio, Kyōto und Fukuoka findest du verschiedene Anbieter. Außer-dem werden überall Kochworkshops angeboten, aber es stehen dir auch Tauchkurse (in Thailand kannst du z. B. günstig deinen PADI-Tauchschein machen), Surfkurse, Kung-Fu-Kurse und Kurse in anderen asiatischen Kampf-sportarten zur Auswahl.

In China, Taiwan, Südkorea und Japan gibt es auch reichlich Jobs für Reisende, die Englisch unterrichten möchten. Mit einem TEFL-Zertifikat und einem abgeschlossenen Studium hast du die besten Karten. In jedem Fall

SICHER ESSEN & TRINKEN AUF REISEN

So werden lokale Gerichte zum Genuss

// **Streetfood** ist lecker, frisch und zu gut, um es nicht zu probieren. Wo Leute Schlange stehen, ist es sicher köstlich. Mach einen Bogen um leere Restaurants mit Speisekarten auf Englisch und geh lieber dorthin, wo die Locals essen. Offene Küchen sind auch super, weil du dich mit eigenen Augen davon überzeugen kannst, wie hygienisch es dort zugeht.

// Informier dich vorab über die **Qualität des Wassers** an deinem Zielort und kaufe eventuell einen Filter. In vielen Ländern bist du auf Wasser in Flaschen angewiesen. Achte beim Einkauf immer darauf, dass die Flasche nicht bereits geöffnet war. Bleibst du länger an einem Ort, kauf gleich mehrere Liter Wasser. Im Hostel kannst du es in eine Edelstahlflasche für unterwegs umfüllen, um Plastikmüll zu vermeiden.

// Das Essen in Asien ist oft schärfer, als du es gewohnt bist. Wenn du das nicht so magst, frage nach **tourist spicy** anstelle von local spicy.

// Früher oder später wirst du fast unvermeidlich **Reisedurchfall** bekommen. Willst du das unbedingt umgehen, meide Fleisch und Fisch und iss keine Salate sowie Obst und Gemüse, das (womöglich) mit verunreinigtem Wasser gewaschen wurde. Entscheide dich für Früchte mit Schale, wie Bananen. Eiswürfel sind dann ebenfalls tabu.

// Befürchtest du trotz all dieser Vorsichtsmaßnahmen etwas Falsches gegessen zu haben, trinke **starken Alkohol** wie Wodka oder Whisky. Ob das tatsächlich Bakterien abtötet, ist umstritten, aber bestimmt kannst du in so einer Situation einen Schnaps gut gebrauchen.

// Wenn dir übel wird, dann **beuge einer Dehydrierung** vor, indem du viel Wasser trinkst und regelmäßig Tabletten gegen Durchfall nimmst. Taste dich dann mit Crackern und Brühe langsam wieder ans Essen ran. Cola funktioniert bei manchen Menschen auch. Gute Besserung!

musst du ein Arbeitsvisum beantragen. Allerdings ist das Leben in diesen Ländern nicht gerade günstig, aber je nach deinen Qualifikationen kannst du als Englischlehrer auch sehr gut verdienen. Südostasien ist bei Reisenden zum Unterrichten übrigens besonders beliebt, allerdings liegt hier der Lohn etwas niedriger, dafür sind aber auch die Lebenskosten günstiger. Neben Unterrichten gibt es noch informelle Jobs an Hostelrezeptionen oder Bars, manchmal nur gegen Kost und Logis. Auch Freiwilligenarbeit ist eine Möglichkeit, dabei solltest du aber bedenken, dass dich das Geld kostet, statt dir welches einzubringen. Es gibt hier tolle Initiativen im Bereich Umweltschutz und zur Unterstützung der lokalen Bevölkerung. Informiere dich immer vorab über die Organisation, die du anvisierst, etwa auf der Website wegweiser-freiwilligenarbeit.com (siehe auch Seite 202).

OSCAR ALONSO DELGADO (28) ist Lebensberater und Abenteurer bei A Neverending Journey. Vor zwei Jahren reiste er allein 13 Monate lang durch Asien.
@justme.oscar | aneverendingjourney.com

Warum wolltest du längere Zeit weg? »Während meines Studiums war ich bereits ein halbes Jahr in Buenos Aires und Spanien gewesen. Als ich meinen Abschluss in der Tasche hatte, wollte ich wieder weg. Ich betrachte die Welt als meinen Vorgarten und den will ich erkunden! Vor allem wollte ich nach Nepal. Die Berge und der buddhistische Lebensstil sprachen mich an.«

Wie sah deine Reiseroute aus? »Ich hatte nichts konkret vorbereitet, aber geplant, in Indien loszuziehen, dann Nepal zu besuchen und im Anschluss einfach mal zu schauen. Kurz vor meiner Abreise riet mir eine gute Freundin, ich solle unbedingt nach Sri Lanka fahren. Also habe ich dort begonnen, die Malediven mitgenommen und bin anschließend durch Indien gereist, von Süden aus hoch nach Mumbai. Dann wurde es endlich Zeit für Nepal. Einen Monat lang war ich dort mit einem Freund wandern. Danach ging ich wieder zurück nach Indien und anschließend habe ich noch zwei Monate

REISEN IST NICHT NUR FUN. ES ENTSTEHT AUCH RAUM, UM ÜBER DINGE NACHZUDENKEN

als Freiwilliger in Nepal gearbeitet. Dann bin ich nach Indonesien gereist und anschließend nach China. Von dort aus fuhr ich mit dem Zug in die Mongolei, reiste durch Japan und beendete schließlich meine Reise auf den Philippinen.«

Wie hast du auf deine Reise gespart? »Ich hatte mir vorgenommen, 8 000 Euro zu sparen, um acht Monate reisen zu können. Nach meinem Studium bin ich vorübergehend wieder zu Hause eingezogen und habe viele Promo-Jobs gemacht. Dadurch hatte ich meine angepeilte Summe schnell zusammen, dennoch habe ich weitergespart. Letztlich bin ich mit 14 500 Euro losgezogen und konnte davon 13 Monate herumreisen.«

13 Monate sind ziemlich lang! »Das stimmt. Auf halber Strecke hatte ich schon einen Moment, an dem ich mir dachte: ›Möchte ich überhaupt weitermachen?‹ Reisen ist nicht nur Fun. Es entsteht auch viel Raum, um über Dinge nachzudenken, denen man zu Hause eher aus dem Weg gehen kann. Das ist nicht immer angenehm. Nach sechs Monaten dachte ich: ›Wenn ich jetzt heim will, ist das auch okay. Es war eine echt schöne Zeit und ich habe es genossen.‹ Dieser Gedanke hat mir total geholfen, weil eine Last von mir abfiel. Letztlich bin ich dann doch weitergereist, bis mein Geld alle war.«

Wie bist du umhergereist? »Ich war low-budget-mäßig mit einem Rucksack unterwegs und habe in möglichst günstigen Hostels geschlafen. Ab und zu sogar zwischen Kakerlaken! Ich bin nur geflogen, wenn es absolut nötig war, und habe ansonsten lieber lokale Busse und Nachtzüge genommen. Das war günstiger, und ich fand es auch ziemlich cool, zwischen den Einheimischen zu sitzen.«

Wie war Nepal dann? »Fantastisch! Vor allem die Natur hat mich gepackt – ich wollte unbedingt in die Berge. Abgesehen vom Mount Everest gibt es noch sieben andere Berge, die über 8 000 Meter hoch sind. Als ich erst mal dort war, war ich so beeindruckt von der Ruhe, dieser puren Energie. Es ist eines der ärmsten Länder der Welt, aber die Menschen, die ich getroffen habe, waren so freigiebig. Das war unglaublich. Danach bin ich noch mal hingereist und habe eine Beziehung zu den Menschen dort aufgebaut. Inzwischen reise ich einmal pro Jahr hin, um Menschen mit auf eine Reise zu nehmen – in ihr Inneres und natürlich auch ins Außen.«

Manchmal finden es Reisende schwierig, Kontakt mit Einheimischen aufzunehmen. Welche Tipps hast du für sie? »Ich suche bewusst den Kontakt zu Einheimischen, indem ich mich auch abseits der Touristenpfade bewege. Geh einfach auf Entdeckungstour, hock dich in ein Restaurant, wo die Locals essen. Trink einen Kaffee und fang ein Gespräch an. Stell ehrliche Fragen. Menschen kennenzulernen, die einen ganz anderen Hintergrund haben, ist so wertvoll. Ich weiß noch, wie ich auf den Malediven mit einem einheimischen Jungen und einer Französin an einem Tisch saß. Die Französin sollte am nächsten Tag wieder nach Hause fliegen und erzählte, dass sie schon jetzt gestresst sei, worauf der einheimische Junge sie fragte: ›Was ist Stress?‹«

KAPITEL 9
OZEANIEN

Nach drei langen Flügen wache ich desorientiert auf der Südinsel Neuseelands auf. Ich liege auf einer Matratze auf dem Boden des Zimmers und höre, wie jemand im Bad die Dusche aufdreht. Es muss früh am Morgen sein, alles liegt noch im Dämmerlicht. Ich wurschtele mich aus dem Schlafsack, gehe zum Fenster und ziehe die Gardine auf. Mir fällt die Kinnlade runter: Als ich gestern Abend ankam, war es zu dunkel gewesen, um etwas zu sehen, aber nun kann ich kilometerweit eine Landschaft überblicken, die meine Erwartungen übertrifft: Exotische Pflanzen umranken die spektakuläre Aussicht auf einen spiegelglatten Fjord und gezackte Berggipfel in der Ferne, die von Regenwald ummantelt und von Morgennebel umhangen sind. Vor mir liegt der Milford Sound im Fiordland-Nationalpark, einer der schönsten und abgelegensten Flecken der Erde. Wie ist es wohl, immer mit diesem Anblick aufzuwachen?

Das kann ich meine Freundin Lineke fragen, wenn sie fertig ist mit Duschen. Sie wohnt hier. Zuletzt sah ich sie vor einem Jahr, als sie am Flughafen Schiphol auf die Rolltreppe in Richtung Gepäckkontrolle stieg. Bei einer Rundreise durch Australien und Neuseeland stieß sie auf diesen märchenhaften Ort, wo sie nun auf einem Touristenboot arbeitet, das jeden Tag über den Fjord zum Tasmansee fährt, vorbei an Granitgipfeln, Wasserfällen, Seebären, Delfinen und Pinguinen.

RUNDREISE: VON MELBOURNE ZUM MILFORD SOUND
Wenige Reiseziele wecken so viele Sehnsüchte wie Neuseeland und Australien. Ozeanien ist eine der beliebtesten Regionen für eine Rundreise und eignet sich gut, um längere Zeit zu bleiben. Die Verkehrssprache ist Englisch, die Kultur ist mit unserer vergleichbar und die spektakulären Landschaften in Verbindung mit einem hervorragenden Straßennetz sind ideal für einen

INFO

KOSTEN €€€€

BESTE REISEZEIT Der australische und neuseeländische Sommer, der in unseren Winter fällt, ist Hochsaison. In Nordaustralien kann es dann nass sein. Frühling und Herbst sind prima Reisezeiten, weil es in der Nebensaison etwas günstiger und das Wetter meist noch schön ist. Der neuseeländische Winter ist ziemlich kalt, vor allem auf der Südinsel. In Südostaustralien ist das die Hochsaison für den Wintersport. Im Norden sind die Temperaturen dann noch sommerlich.

MINDESTREISEDAUER Willst du Neuseeland oder einen Teil Australiens besuchen und kannst damit leben, nicht alles zu sehen, reichen vier Wochen. Hast du zwei Monate Zeit, kannst du Neuseeland in gemächlicherem Tempo entdecken und mehr sehen oder in Australien einen Roadtrip durch mehrere Bundesstaaten machen. Willst du länger an einem Ort bleiben oder beide Länder besuchen, geht ein halbes Jahr drauf.

VISUM Vor deiner Reise musst du online ein NZeTA (Neuseeland) oder ein eVisitor (Australien) beantragen, womit du 90 Tage bleiben kannst (siehe auch Seite 205). Willst du reisen und arbeiten und bist zwischen 18 und 30 Jahren alt, kannst du für beide Länder ein Working-Holiday-Visum beantragen, mit dem du ein Jahr lang bleiben und arbeiten kannst (Achtung: Bist du aus der Schweiz, ist das leider nicht möglich). Für die meisten Pazifikinseln benötigst du für eine Rundreise kein Visum.

SPRACHE In Neuseeland und Australien wird Englisch gesprochen. Auf Neuseeland ist zudem Maori eine offizielle Amtssprache. Auf den meisten Pazifikinseln spricht man Englisch oder Französisch.

INFRASTRUKTUR Australien und Neuseeland sind ideale Roadtripländer: Das Straßennetz ist größtenteils sehr gut, doch du musst dich an den Linksverkehr gewöhnen. Das Outback von Australien hat nur einige asphaltierte Straßen und nur wenige Tankstellen, bereite dich also gut vor, wenn du hindurchfahren möchtest. Es kann günstig sein, ein Auto oder einen Kleinbus anzuschaffen und am Ende der Reise wieder zu verkaufen. Fernbusse sind prima, wenn du nicht selbst hinterm Lenkrad sitzen willst. Beide Länder haben auch tolle Zugstrecken. Zwischen Neuseelands Nord- und Südinsel besteht Fährverkehr. Inlandsflüge sind natürlich auch eine Option. Für die abgelegenen Pazifikinseln ist man in jedem Fall auf das Flugzeug angewiesen.

ÜBERNACHTEN Angefangen bei Partyhostels bis hin zu günstigen Poshtels gibt es hier alles. Zelten ist eine weitere günstige Option. Sowohl in Australien als auch in Neuseeland findest du schöne Hotels und Apartments, wenn du mehr Zeit und

Budget hast. Auf den Pazifikinseln findest du abgesehen von Hostels und Pensionen auch spektakuläre Resorts.

HIGHLIGHTS Sydney, Melbourne, Whitsunday Islands, Great Barrier Reef, Gold Coast, Uluru, Great Ocean Road, Perth, Darwin, Tasmanien, Auckland, Wellington, Bay of Islands, Rotorua, Queenstown, Fiordland-Nationalpark, Fidschi, Vanuatu, Cookinseln und Französisch-Polynesien

105

Roadtrip. Australien ist riesig, das heißt, du wirst vermutlich eine Auswahl treffen müssen. Sydney und Melbourne sind zwei Weltstädte mit einer fantastischen kulinarischen Szene und die gängigsten Ausgangspunkte für eine Rundreise. Von Sydney aus kannst du mit einem Mietwagen oder Fernbus die Küste von New South Wales hinauf nach Brisbane oder Gold Coast reisen. Noch etwas weiter nördlich kannst du einen Ausflug auf die paradiesische Insel Fraser Island machen und vom Auto aufs Boot umsteigen, um entlang der Whitsunday Islands und des Great Barrier Reefs zu schippern. Von Melbourne aus fährst du Richtung Westen durch Victoria entlang der Great Ocean Road, einer der schönsten Küstenstraßen des Kontinents. Von hier aus kannst du Südaustralien bis hin nach Adelaide entdecken. Möchtest du lieber etwas abseits der Touristenpfade wandeln, kannst du nach Darwin im Norden, Perth im Westen oder Hobart in Tasmanien fliegen. Von diesen drei Städten aus bist du schnell im Outback. (Wild-)Kampieren ist eine großartige Möglichkeit, Australiens Natur zu entdecken, aber es gibt auch viele Hostels, Hotels und Airbnbs.

In Neuseeland kommen die meisten Reisenden in Auckland auf der Nordinsel an. Hier kannst du deine Rundreise beginnen oder weiterfliegen nach Christchurch oder Queensland auf der Südinsel, um dich von hier zurück in den Norden vorzuarbeiten. Neuseeland lässt sich am besten mit dem Auto entdecken, auch wenn du dich hier genau wie in Australien alternativ für Fernbusse entscheiden kannst. Entscheidest du dich für ein Mietauto oder einen Kleinbus, kannst du an vielen Orten (fast) kostenlos kampieren. Die Nordinsel bietet die richtigen Orte, um in die Kultur der Maori einzutauchen, wie Rotorua und die Bay of Islands. Fährst du von Auckland aus Richtung Süden, kannst du bei Waitomo die magischen Glowworm Caves (Glühwürmchenhöhlen) besuchen; außerdem ist Taupo die perfekte Ausgangsbasis für eine Wanderung durch den Tongariro-Nationalpark. Hast du mehr Zeit, dann such die West- oder Ostküste auf, um die meisten Touristen hinter dir zu lassen. Von Wellington aus fährst du mit der Fähre auf die Südinsel, hier kannst du in den Regenwäldern und an den unberührten Stränden neue Kraft tanken. Beginn im Abel-Tasman-Nationalpark und fahre Richtung Süden nach Kaikoura, zum Aoraki (Mount Cook) oder Franz-Josef-Gletscher. Nach einem Zwischenstopp in der pulsierenden Stadt Queenstown kannst du auf Entdeckungstour durch den Fiordland-Nationalpark zum Milford Sound gehen. Hast du noch Zeit übrig, reise noch ein Stück weiter nach Süden zur Stewart Island und entdecke auch die Ostküste.

Neben Australien und Neuseeland umfasst Ozeanien auch paradiesische Pazifikinseln. Diese Tupfer im Stillen Ozean sind so weit weg, dass viele Reisende sie nicht auf dem Schirm haben. Was schade ist, denn hier erwarten dich einige der schönsten Inseln der Welt: weiße Sandstrände, Palmen, türkisfarbenes Meer und eine lebendige Kultur. Von Auckland oder Sydney aus fliegst du in nur wenigen Stunden nach Vanuatu, Fidschi und auf die Cookinseln. Von hier aus kannst du entweder weiterfliegen oder du nimmst eine Fähre, um die kleineren Inseln zu entdecken. Da kommt garantiert Robinson-Crusoe-Feeling auf.

ARBEITEN, STUDIEREN & MEHR

Ein Semester in Ozeanien zu studieren, ist eine hervorragende Möglichkeit, um sich unter die Aussies und Kiwis zu mischen und sich schon bald wie ein Einheimischer zu fühlen. Viele Hochschulen und Universitäten in beiden Ländern bieten Austauschprogramme an. Auch Englischsprachkurse sind eine Option, aber bedenke, dass hier kein astreines Queen's English gesprochen wird. Wenn du jedoch – genau wie ich – den australischen oder neuseeländischen Akzent liebst, bist du genau am richtigen Ort. Wer mehr Action sucht, findet in beiden Ländern auch Surf-, Ski- und Kajakkurse, Weinliebhaber können wunderbare Workshops belegen.

Australien und Neuseeland sind beide nicht so günstig, dass man sich hier lange aufhalten könnte, aber glücklicherweise wird es einem als Reisendem leicht gemacht, sich ein wenig Taschengeld hinzuzuverdienen. Für beide Länder kannst du als deutscher oder österreichischer Staatsbürger im Alter von 18 bis 30 Jahren ein Working-Holiday-Visum beantragen, mit dem du bis zu ein Jahr lang herumreisen und arbeiten kannst. In Australien gibt es viele Jobs für Backpacker, aber für einige Arbeiten brauchst du ein Zertifikat. Willst du z. B. in der Gastronomie arbeiten, musst du dir zuerst online ein RSA-Zertifikat (Responsible Service of Alcohol) besorgen. Du kannst dir natürlich schon vor deiner Reise einen Job suchen, aber es existiert eine

gute Infrastruktur speziell für Backpacker, die die Suche vor Ort erleichtert. Es gibt Jobs auf Bauernhöfen, Campingplätzen, in der Gastronomie oder im Tourismus, etwa als Reiseführer oder Tauchlehrer. Du kannst auch im Winter (wenn bei uns Sommer ist) als Ski- oder Snowboardlehrer arbeiten.

In Neuseeland funktioniert das Working-Holiday-Visum ungefähr so wie in Australien und ist sogar noch ein wenig günstiger (auch das gilt leider nicht für Bürger der Schweiz). Neuseeländer legen viel Wert auf den persönlichen Kontakt: Für Arbeit in der Gastronomie oder im Tourismus kann es sich lohnen, mit einem ausgedruckten Lebenslauf von Tür zu Tür zu gehen, statt sich online zu bewerben. Lies dazu auch das Interview mit Lineke auf Seite 196, um herauszufinden, wie sie einen Job in einem der schönsten Winkel der Erde ergattert hat.

LOCALS UNTERWEGS TREFFEN

In beliebten Backpackerländern triffst du manchmal so viele nette andere Reisende, dass du, wenn du nicht aufpasst, Monate später feststellst, dass du kaum Kontakt zu Einheimischen hattest. Mit diesen Tipps lernst du Aussies und Kiwis kennen.

// In vielen Städten gibt es **Dine-with-Locals-Abende**, eine wunderbare Gelegenheit, um einen Einblick in die Küche(n) der Einheimischen zu bekommen.

// Airbnb bietet überall auf der Welt sogenannte **»Experiences«** an, eine wirklich schöne Möglichkeit, einen ganzen Tag mit einem Local zu verbringen, z. B. auf einem Weingut oder bei einer Streetart-Graffiti-Tour.

// Beim **WWOOFen** (siehe Seite 38) arbeitest du als Freiwilliger auf einem Bio-Bauernhof. Indem du eine Weile dort lebst und mithilfst, erhältst du tolle Einblicke in das Leben auf dem Land.

// Seit dem Zweiten Weltkrieg emigrierten viele Europäer nach Australien und Neuseeland. Erkundige dich vor deiner Abreise in deinem Freundeskreis, ob nicht jemand **entfernte Verwandte** dort hat. Die Chancen stehen gut, dass du zum Kaffee eingeladen wirst.

ROEL VOGEL (31) und **FLOOR PLOEG** (29) arbeiten beide bei einer Software-Firma. Zusammen machten sie ein Sabbatical, um durch Asien und Neuseeland zu reisen. **@birds.eye.view_travel | @floorp1990**

Warum wolltet ihr ein Sabbatical machen? Floor: »Es war schon immer unser Traum gewesen, längere Zeit zu reisen, nach dem Slow-Travel-Prinzip, alles ganz bewusst zu erleben. Als wir uns kennenlernten, stellten wir fest, dass wir beide diesen Wunsch hegten.«

Wie habt ihr das Sabbatical mit dem Job vereinbart? Roel: »Wir hatten beide eine Festanstellung in einer Firma, wo wir bereits mehrere Jahre tätig waren. Wir fragten frühzeitig nach, und unsere Chefs haben gleich positiv reagiert. Man sollte so früh wie möglich anfragen – und sich natürlich vorher einen gewissen Stand erarbeiten.«

Wie sah eure Reiseroute aus? Roel: »Gestartet sind wir in Thailand, wo Floor und ich einen Tauchkurs belegten. Ich habe noch einen Apnoetauchkurs gemacht, weil ich meinen Tauscherschein bereits hatte. Nach einem Monat sind wir nach Singapur und anschließend weiter nach Neuseeland gereist. Dort haben wir einen Camper gemietet und zwei Monate lang die Nord- und Südinsel erkundet. Nach Neuseeland haben wir uns noch Indonesien, Bali, Komodo, die Kleinen Sundainseln und Raja Ampat angeschaut und unsere Reise in Malaysia beendet.«

Wie hoch war euer Budget? Floor: »Ursprünglich hatten wir 12 500 Euro pro Person angedacht, aber letztlich haben wir unser Budget etwas überzogen. Asien war günstig, aber wir sind einen Monat länger in Neuseeland geblieben als geplant. Das Mieten des Campers war teuer und vor allem die diversen Aktivitäten haben ziemlich zu Buche geschlagen. Wir haben in Neuseeland wirklich alles gemacht, worauf wir Lust hatten, dafür hatten wir ja auch gespart.«

Ist euch das Sparen schwergefallen? Floor: »Ich war schon immer schlecht im Sparen, ohne ein bestimmtes Ziel vor Augen zu haben. Ich habe zwar immer etwas von meinem Lohn auf ein Sparkonto überwiesen, aber über den Monat hinweg dann hin und wieder etwas abgehoben. Durch die Reise hatte ich aber einen echten Anreiz, so habe ich es geschafft, über zwei Jahre 500 Euro pro Monat beiseitezulegen.«

Wie seid ihr gereist? Roel: »In Thailand sind wir teilweise mit dem Zug gereist und ansonsten viel mit Minibussen und Taxis gefahren. Übernachtet haben wir in Privatzimmern in Hostels. In Neuseeland mit dem Camper unterwegs zu sein, war dagegen das ultimative Gefühl von Freiheit. Du brauchtest dich um nichts zu kümmern, was den Transport anging, und nicht jeden Abend eine Übernachtung für den folgenden Tag zu buchen. Das war herrlich. Und die Campingplätze waren traumhaft.« Floor: »In Indonesien sind wir geflogen, mit dem Taxi gefahren und haben eine fünftägige Bootstour unternommen. Weil uns Roels Familie besucht hat, haben wir dort etwas luxuriöser übernachtet und uns in Hotels, Resorts und einer Villa eingemietet.«

Wie war es, als Paar so lange zusammen unterwegs zu sein? Floor: »Wir hatten erwartet, dass es heftig werden würde, fünf Monate aufeinanderzuhocken, aber es hat unsere Beziehung gestärkt! Wir waren auf einer Wellenlänge hinsichtlich dessen, was wir machen und wie viel Zeit wir an einem Ort verbringen wollten. Natürlich waren wir auch mal gereizt, aber das ging schnell vorbei. Letztlich ist man aufeinander angewiesen, dadurch rückt man näher zusammen.«

NEUSEELAND WAR NOCH SCHÖNER, ALS WIR ES UNS VORGESTELLT HATTEN

Ihr esst zu Hause vegan. Wie war das unterwegs? Roel: »Vegetarisch essen ging sehr gut. Nur vegan war an einigen Orten schwieriger, in Malaysia zum Beispiel. Aber in Indonesien ging das prima, das Gado-Gado dort war superlecker.«

Was war das schönste Erlebnis während eures Sabbaticals? Floor: »In Neuseeland sind wir mit Hunderten Delfinen geschwommen. Das war unbeschreiblich.« Roel: »Neuseeland war noch schöner, als wir es uns vorgestellt hatten. Alles ist dort anders: die Pflanzen, die Vögel … Die Landschaft ist so einzigartig. Darum sind wir auch länger geblieben.«

Habt ihr einen letzten Tipp? Roel: »Bei der Länderauswahl sollte man darauf achten, verschiedene Klimazonen einzubauen. Asien und Neuseeland waren in der Hinsicht eine Top-Kombi.«

TEIL 3

IN EINEM JAHR BEREIT FÜR DIE REISE

REISEDAUER & REISEGESELLSCHAFT

High five! Nun weißt du, was du auf deiner Reise machen und wohin du reisen willst. Auch hast du eine gute Vorstellung davon bekommen, wie viel Zeit du einplanen musst. Im dritten Teil werden wir auf die praktischen Dinge eingehen, sodass du innerhalb eines Jahres gut vorbereitet auf Reisen gehen kannst. Hierfür musst du zuerst zwei Entscheidungen treffen: Wie lange willst du insgesamt unterwegs sein und willst du allein oder mit jemandem zusammen reisen?

REISEDAUER & -TEMPO

Wie lang du verreist, hängt von verschiedenen Faktoren ab: Wenn du unbezahlten Urlaub nehmen musst, wirst du vermutlich nicht mehr als ein paar Monate am Stück wegfahren können. Hast du gerade deinen Schul- oder Uniabschluss in der Tasche oder kündigst deinen Job, um eine Auszeit zu nehmen, hast du ein ganzes Jahr Zeit zum Reisen, kannst dich natürlich aber auch dafür entscheiden, erst noch ein paar Monate zu Hause Geld zu verdienen und danach loszuziehen.

Die Reisedauer ist letztlich nicht entscheidend. Ob es ein paar Monate mehr oder weniger sind, ist egal: Es geht darum, dass du dir Zeit nimmst, zu erleben, wie es ist, ohne Verpflichtungen oder einen randvollen Terminkalender zu reisen und einfach frei zu sein. Auf einer längeren Reise lebst du im Moment, und je mehr Monate vergehen, desto intensiver wird dieses Gefühl. Es ist ein komplett anderes Mindset, als wenn du nur für ein paar Wochen in den Urlaub fährst. Dann bist du nämlich vor allem damit beschäftigt, dich auszuruhen und den Alltag hinter dir zu lassen. Dadurch bist du dann aber auch nicht so empfänglich für neue Erfahrungen. Gehst du länger auf Reisen, willst du hingegen so viel wie möglich erleben und bist offen für einen anderen Lebensstil.

NIMM DIR ZEIT, EIN ANDERES LAND ZU ERLEBEN UND NICHT NUR ZU SEHEN

Um ein Reiseziel wirklich kennenzulernen, musst du dir Zeit dafür nehmen. Genau darin liegt die Falle, in die man oft bei einem Auslandsjahr oder Sabbatical tappt: Man will zu viel sehen. Behalte Folgendes im Hinterkopf: Je mehr Zeit du an einem Ort verbringst, desto authentischer sind deine Erfahrungen, die du vor Ort machst. Hast du die Zeit, dich in einer Stadt einfach treiben zu lassen, entdeckst du die schönsten und ungewöhnlichsten Ecken. Weichst du während eines Roadtrips auch mal von den üblichen Routen ab, entdeckst du Perlen abseits der Touristenpfade. Nimm dir Zeit, ein anderes Land wirklich zu erleben und nicht nur zu sehen.

REISEN IN GESELLSCHAFT

Willst du längere Zeit reisen, ist die Chance ziemlich groß, dass du allein losziehst. Schließlich muss man erst einmal einen Freund oder eine Freundin finden, der oder die genauso lange wegkann wie du – und dann auch noch in das Land, das du vor Augen hast. Lass dich nicht entmutigen, wenn du niemanden findest, der mitkommt, denn allein lässt es sich vielleicht sogar am Schönsten reisen. Du musst dich mit niemandem abstimmen und kannst ganz ohne Kompromisse Pläne schmieden. Außerdem bist du allein offener für neue Erfahrungen und Begegnungen mit anderen Menschen. Und meiner Meinung nach erlebt man seine Umgebung auch intensiver, wenn man alleine reist. Einige meiner allerschönsten Reiseerfahrungen habe ich auf Solo-Reisen gemacht.

Die Momente, in denen man wirklich allein ist, sind besonders wertvoll, weil man als Solo-Reisender nicht lange allein bleibt. Du wirst garantiert jede Menge Leute kennenlernen. In den Hostels, aber auch wenn du dich für ein

Studium, ein Praktikum, Kurse oder einen Job im Ausland entscheidest. Ist es dir zu heikel, ganz allein wegzufahren, kannst du dich auch für eine Gruppenreise anmelden, etwa bei einer Organisation wie Studiosus, Gebeco Adventure Trips, Marco Polo Young Line Travel, Djoser oder G Adventures. Wenn du nach ein paar Wochen das Gefühl hast, dich mit dem Land vertraut gemacht zu haben, kannst du im Anschluss auch alleine weiterreisen.

Hast du hingegen einen Freund, eine Freundin, einen Partner oder eine Partnerin, der oder die (für einen Teil der Reise) mitkommen möchte, ist das toll. Es ist etwas ganz Besonderes, gemeinsame Momente zu teilen, und wenn ihr wieder daheim seid, hast du jemanden, der dasselbe erlebt hat wie du und mit dem du in Erinnerungen schwelgen kannst. Dennoch gibt es ein paar Dinge, die du bedenken musst, wenn du mit jemandem zusammen eine längere Reise unternimmst. Nicht jeder hat nämlich dasselbe Reisetempo oder dieselben Interessen. Das ist nicht schlimm, aber es ist gut, vorab darüber zu sprechen. Wenn ihr beide wisst, welche Erwartungen ihr an die Reise habt, erspart ihr euch jede Menge Diskussionen. Ebenso ist es natürlich völlig in Ordnung, mal einen Tag, eine Woche oder sogar einen Monat lang sein eigenes Ding zu machen und danach wieder gemeinsam weiterzureisen. Jede Konstellation ist denkbar, sei einfach ehrlich zu dir und anderen, was für dich am besten funktioniert. Letztlich werdet ihr euch auf der Reise noch ein wenig besser kennenlernen und enger zusammenrücken. Über Beziehungen heißt es oft: Seid ihr längere Zeit zusammen verreist und nach der Heimkehr immer noch verrückt nacheinander, dann kann euch nichts auseinanderbringen.

AUF SEITE 202 FINDEST DU EINE LISTE MIT PRAKTISCHEN WEBSITES.

ZUSAMMEN AUF REISEN

Mit diesen Tipps bleiben dein Reisebuddy und du Freunde.

// Jeder pflegt einen anderen Reisestil, insofern solltet ihr vor eurer Abreise darüber sprechen. Bist du jemand, der immer etwas unternehmen will und dein:e Freund:in liegt am liebsten jeden Tag am Strand? Sprecht im Vorfeld über eure **Erwartungen**. Denk daran, dass es genauso okay ist, gemeinsam zu reisen, aber bestimmte Dinge getrennt voneinander zu unternehmen.

// Sprecht über eure Erwartungen, was das **Reisetempo** betrifft. Willst du bei einem Roadtrip jeden Tag mehrere Stunden im Auto sitzen, um möglichst viel zu sehen, oder lieber ein paar Tage an einem Ort bleiben, bevor ihr weiterzieht?

// Besprecht euer **Budget**. Entscheidet ihr euch für eine Low-Budget-Reise mit Schlafsälen, Streetfood und öffentlichem Nahverkehr oder soll es etwas luxuriöser sein? Willst du für jeden Tag ein bestimmtes Budget veranschlagen oder etwas freigiebiger damit sein?

// Bist du ein **Morgenmensch** und dein:e Freund:in ganz und gar nicht? Dann überlegt, ob es in Ordnung ist, wenn du morgens ein paar Stunden alleine umherbummelst.

// Auch wenn es abgedroschen klingt, aber: **Kommunikation** ist alles. Wenn ihr länger miteinander reist, kann es hilfreich sein, gleich in den ersten Wochen über Reizthemen und Enttäuschungen zu sprechen (formuliere dabei deine Bedürfnisse, keine Vorwürfe).

CHARLOTTE VAN 'T WOUT (31) ist Unternehmerin und leitet die Online-Firma C.Academy. Während ihres Studiums verbrachte sie sechs Monate in den USA.
@celinecharlotte | charlottevantwout.com

Wie sah deine Reise aus? »Ich habe drei Monate lang an der West Virginia University studiert. Danach habe ich ein Auto gekauft und bin noch rund 100 Tage durchs Land gefahren, von New York an der Ostküste Richtung Süden nach Texas.«

Warum wolltest du in den USA studieren? »Amerika hat mich total angezogen. Ich war 21, studierte Kommunikationswissenschaft in den Niederlanden und bekam im dritten Studienjahr die Chance auf ein Fulbright-Stipendium. Ich entschied mich für West Virginia, weil das in den Bergen liegt und für mich das echte, raue Amerika repräsentiert.«

Wie hoch war dein Budget? »Etwa 12 000 Euro. Ich hatte ja das Stipendium und bekam auch noch Studienförderung. Außerdem hatte ich durch meine Nebenjobs Geld beiseitelegen können. Ich hatte als Rezeptionistin in einem Massagesalon gearbeitet und viel babygesittet.«

Du warst schon zuvor allein gereist. Was gefällt dir daran? »Die Freiheit. Man kann selbst jede Sekunde entscheiden, worauf man Lust hat. Man wird aus seiner Komfortzone gerissen, niemand kennt einen, insofern kann man immer neue Identitäten ausprobieren. Heute bin ich etwa jemand, der gerne Museen besucht, tags drauf gehe ich lieber tanzen.«

Wie war es, in den USA zu studieren? »Leider hatte ich mich in der Jahreszeit vertan: Ich war im Winter dort, als es eiskalt war. Der Campus war riesig und ich fühlte mich fehl am Platz. Das Studium an sich war aber echt schön. Ich habe unter anderem Fotojournalismus und zum Spaß Fächer wie Kostümschneidern und Grime belegt. Ich war fest entschlossen, mich mit Amerikanern anzufreunden und nicht zu viel mit Austauschstudenten abzuhängen. Das klappte auch, weil es viele Clubs gab, an denen man sich beteiligen konnte: Ich ging zur Theatergruppe. Außerdem habe ich einen Blog begonnen und dadurch meine Liebe zum Schreiben entdeckt. Letztlich habe ich meinen Aufenthalt in West Virginia etwas früher beendet und bin stattdessen lieber rumgereist.«

Du hast dir ein Auto gekauft, um einen Roadtrip zu machen, und Couchsurfing ausprobiert. Wie war das? »Couchsurfing kam mir wie gerufen, um das Land zu sehen, zumal es gratis ist. Das erste Mal habe ich es über ein Wochenende in Washington ausprobiert, da lief es prima, also bin ich damals losgereist und habe jede Nacht bei jemand anderem übernachtet. Ein paarmal habe ich schlechte Erfahrungen gemacht, z. B. bei jemandem, der zwölf Hunde hatte, aber meist war es echt nett. In New Orleans kam ich bei einem Mädchen unter, das ständig Übernachtungsgäste hat. Ich finde es ist eine coole Lebenseinstellung, wenn man, hat man ein großes Haus, dieses auch mit anderen teilt. Ich habe sogar bei Amischen übernachtet, ohne Strom und alles, das war eine ganz besondere Erfahrung. Ich fühle mich bei den Amerikanern sehr zu Hause.«

ICH BRAUCHE KEINE ANDEREN MENSCHEN, UM IN DEN URLAUB ZU FAHREN

Wie fandest du es, allein einen Roadtrip zu unternehmen? »Herrlich, weil ich mein Ding durchziehen konnte. Mein Bruder und meine beste Freundin haben mich mal besucht, aber ansonsten bin ich allein gereist. Ich habe die Freiheit genossen, das Autofahren, das Wandern in den Nationalparks. Mir wurde klar, dass ich keine anderen Menschen brauchte, um in den Urlaub zu fahren. Nach dieser Reise war ich noch öfter allein unterwegs, eine Zeit lang auch als digitale Nomadin. In den USA habe ich gelernt, dass es beispielsweise okay ist, sich einen Abend einsam zu fühlen, aber dass das auch wieder vorbeigeht.«

Fandest du es schwierig, nach deiner Rückkehr wieder anzukommen? »Es kam mir so vor, als habe zu Hause die Zeit stillgestanden. Alles war noch wie vorher, während ich so viel erlebt hatte. Daraufhin habe ich eine andere Richtung eingeschlagen und wollte Journalistin werden. Dafür bin ich nach Amsterdam gezogen, wo ich selbst Couchsurfer-Gastgeberin war, habe für Zeitschriften gearbeitet und einen Master gemacht. Es war wahnsinnig toll, mir ein neues Leben aufzubauen.«

Hast du Tipps für Leser, die eine längere Reise planen? »Es passiert leicht, dass man sich an Menschen klammert, die einem auf Reisen begegnen. Aber wenn man sich nur an andere dranhängt, ist das für die eigene persönliche Entwicklung eher hinderlich. Das Schöne ist ja gerade, ein paar Tage oder sogar ein paar Wochen sein eigenes Ding zu machen, das Alleinsein zu genießen. Dabei kannst du so richtig in dich hineinfühlen, wie es dir geht, was du willst. Und du erkennst, dass du niemanden brauchst, um essen zu gehen oder ein anderes Land zu erkunden.«

UNTERKUNFT & TRANSPORT

Wir sind fast so weit, dass wir den Sparplan angehen können, aber noch gibt es ein paar Dinge, die wir zuerst klären müssen: die Unterkunft und den Transport. Möchtest du in einem Apartment, einem Hotel oder einem Hostel übernachten? Tendierst du zu einem Mietauto oder willst du mit dem Bus oder dem Zug reisen? In diesem Kapitel werden wir alle Transportoptionen checken, und du erfährst, wie du an günstige Flugtickets kommst und die schönsten Unterkünfte findest und buchst.

SCHLAFSAAL ODER VILLA?

Bei einer längeren Reise stehen dir unendlich viele Übernachtungsmöglichkeiten offen. In Hostels übernachten ist üblich bei einer Weltreise und etwas, was ich vor allem Solo-Reisenden empfehle, weil du hier mit anderen Reisenden ins Gespräch kommst und Freundschaften schließt. Am günstigsten kommst du weg, wenn du in einem Schlafsaal (Dormitory) übernachtest. Auch wenn du denkst, dass das nichts für dich ist, solltest du es ausprobieren. Schlafsäle sind meist schlicht, aber wenn du den ganzen Tag unterwegs bist, brauchst du nicht viel mehr als ein Bett zum Schlafen und einen Abstellplatz fürs Gepäck. Meistens kannst du wählen zwischen gemischten und nach Geschlechtern getrennten Schlafsälen. Willst du lieber nicht in einem Schlafsaal übernachten, aber trotzdem die gesellige Atmosphäre eines Hostels erleben, kannst du oft auch ein Privatzimmer buchen. Wenn es dein Budget hergibt und dir Privatsphäre wichtig ist, ist ein Hotel jedoch die bessere Wahl.

Hostels und Hotels gibt es in allen möglichen Ausführungen, insofern lohnt es sich, dir die Websites anzuschauen, um das Passende zu finden. Gehst du gerne jeden Abend aus, bist du in einem Partyhostel gut aufgeho-

ben. Ist dir deine Nachtruhe heilig, dann achte darauf, dass an das Hostel kein Pub oder Club angeschlossen ist. Ist es dir wichtig, beim Reisen etwas Gutes zu tun, dann meide große Ketten und suche nach Hotels und Hostels, die von Einheimischen geleitet werden. Ein Homestay (ein Aufenthalt bei einer Familie) ist ebenfalls eine fantastische Möglichkeit, um dafür zu sorgen, dass dein Geld direkt der Bevölkerung zugutekommt. Über Couchsurfing kannst du sogar gratis bei jemandem zu Hause schlafen – ideal, wenn dein Budget klein ist, und übrigens auch eine tolle Möglichkeit, Locals kennenzulernen. Wenn du ein paar Monate vor deiner Reise deine eigene Wohnung für Couchsurfer öffnest, hast du schnell neue Freunde überall auf der Welt.

Bleibst du mehrere Tage an einem Ort, kann es sich lohnen, ein Apartment zu mieten. Airbnb ist der bekannteste Anbieter, aber es gibt auch andere Plattformen, auf denen du Wohnungen und Häuser findest, die an Reisende vermietet werden. Je länger du an einem Ort bleibst, desto eher lohnt sich das. So kannst du auf Bali einen Monat lang eine Villa mit Pool für gerade mal 800 Euro mieten, wenn ihr zu zweit unterwegs seid. Noch günstiger, manchmal sogar kostenlos, ist ein House Swap, bei dem man die Wohnungen tauscht, oder House Sitting, bei dem du die Pflanzen gießt oder auf Haustiere aufpasst, während der Besitzer verreist ist. TrustedHousesitters, HomeExchange und Nomador sind die bekanntesten Plattformen (siehe auch Seite 203).

Bei meiner Recherche lasse ich mich immer zuerst von Reiseführern, Blogs oder Instagram inspirieren. Wenn ich eine Unterkunft gefunden habe, die gut aussieht, schaue ich mir die Online-Bewertungen an. Das ist praktisch, da manche Reiseführer oder Blogs eine Unterkunft etwas zu rosig beschreiben – auf Plattformen wie TripAdvisor und Booking bekommst du einen Eindruck davon, wie wohl sich die Gäste gefühlt haben. Halte bei diesen Seiten und bei Airbnb immer nach den neuesten Bewertungen Ausschau, damit du weißt, wenn momentan neben dem Hotel eine große Baustelle ist. Hast du einen Geheimtipp im Reiseführer, auf einem Blog oder in den sozialen Medien gefunden und die letzten Online-Bewertungen fallen auch positiv aus? Dann nichts wie los und buchen!

IM VORAUS BUCHEN VERSUS SPONTAN REISEN

Kommst du in einem fremden Land an, ist es immer gut, wenn du für die erste Nacht bereits ein Dach überm Kopf organisiert hast. Nichts ist schrecklicher, als spätabends wo anzukommen und bei jedem Hotel vor verschlossener Türe zu stehen. Ob es sinnvoll ist, darüber hinaus im Voraus zu buchen, hängt davon ab, ob du in der Hochsaison reist, wie beliebt die Unterkunft ist und wie spontan du sein möchtest.

Viele fühlen sich wohler, wenn sie vorab eine Unterkunft buchen, daran ist nichts verkehrt. Wenn ich nur kurz irgendwo bin, mache ich das häufig auch, weil ich vor Ort keine Zeit damit verschwenden will, einen Schlafplatz zu suchen. Bei längeren Reisen kann es jedoch hinderlich sein, alles von vornherein festzulegen, da man dann den Reiseverlauf nicht mehr so flexibel gestalten kann. Das ist schade, weil du oft erst vor Ort die besten Übernachtungstipps bekommst oder von Reisenden von verborgenen Perlen erfährst.

In den meisten Fällen kannst du auch während der Reise noch kurzfristig ein Ho(s)telzimmer oder Apartment buchen. Auf einer längeren Reise entscheide ich mich deshalb meistens dafür, nur ein paar Tage im Voraus zu planen, und wenn ich dann wieder an einem Ort mit WLAN bin, plane ich die nächste Etappe. Lass dir keine Angst machen durch Statusanzeigen auf Buchungsseiten wie »Nur noch ein Zimmer verfügbar«. Du kannst jederzeit ein Hotel oder Bed and Breakfast anrufen oder per E-Mail anschreiben, um zu fragen, ob sie kurzfristig noch Plätze vergeben. Raten sie dir zu reservieren, kannst du die Reservierung oft noch bis einen Tag vor der geplanten Ankunft kostenlos stornieren.

Wenn du längere Zeit wo bist, etwa um dort zu studieren oder ein Praktikum zu machen, ist es auch nicht schlecht, vorab eine Unterkunft zu organisieren. Wenn du Sicherheit brauchst, fühlst du dich wohler mit einer festen

Adresse. Dennoch ist es in vielen Städten manchmal einfacher, vor Ort ein Zimmer oder eine Wohnung zu suchen. Wenn du dir das zutraust, kannst du einfach am Zielort für ein paar Tage ein Hostel- oder Hotelzimmer buchen und dich von hier aus auf Wohnungssuche begeben.

FLUGTICKETS BUCHEN & TRANSPORT VOR ORT

Oft ist der Flug in dein Zielland der größte Kostenfaktor. Ein bezahlbares Ticket zu finden, ist nicht einfach, aber es gibt Tricks, um so günstig wie

möglich zu fliegen. Langstreckenflüge solltest du am besten weit im Voraus buchen, etwa sechs Monate vorher. Stell dafür rechtzeitig auf Vergleichswebseiten wie Skyscanner oder Momondo einen Preisalarm ein und habe neben deinem nächsten Flughafen auch andere im Blick. Je nachdem, wo du wohnst, kann es auch günstiger sein, von einem europäischen Nachbarland aus zu fliegen. Hast du einen günstigen Flug gefunden, buche diesen mit deiner Kreditkarte, damit dir das Geld anstandslos erstattet wird, falls es Probleme gibt. Kürzere Strecken kannst du meist auch kurzfristig buchen. Und wenn du bei deinem Ankunftsdatum flexibel bist, kommst du meist günstiger weg.

Wenn du Flug und Ho(s)tel gebucht hast, solltest du herausfinden, wie du vom Flughafen zu deiner Unterkunft kommst. Nichts ist unschöner, als am ersten Reisetag von einem windigen Taxifahrer abgezockt zu werden. Recherchiere, ob es einen Flughafentransfer mit dem ÖPNV gibt (mit dem Zug, der S-Bahn oder dem Bus) oder buche über Uber ein Taxi.

Dann stellt sich noch die Frage, wie du dich an deinem Zielort fortbewegen möchtest. Planst du einen Roadtrip, dann google im Vorfeld am besten, ob sich ein Mietauto lohnt oder ob du mit einem Gebrauchtwagen günstiger wegkommst, den du am Ende deiner Reise wieder verkaufst. Die großen Mietwagen-Anbieter Avis, Hertz und Sixt gibt es überall auf der Welt, aber lokale Anbieter sind oft günstiger. In Asien ist zudem die Chance groß, dass du dich statt für einen Mietwagen für ein Motorrad oder einen Motorroller entscheidest. Dabei musst du aber aufpassen: Mietest du einen Motorroller und hast nur einen Pkw-Führerschein, dann achte darauf, dass der Roller nur maximal 50 Kubikzentimeter Hubraum hat, damit bei einem Unfall die Versicherung greift.

Radfahren ist eine tolle Option, um dein Reiseziel zu erkunden. In vielen Ländern kannst du Räder leihen, aber bedenke, dass Radfahren im Ausland häufig schwierig ist. Meist musst du dir die Straße mit anderen Verkehrsteilnehmern teilen, die Leihräder sind oft von schlechter Qualität und du solltest

FAHRRADFAHREN IST EINE TOLLE OPTION, UM DEIN REISEZIEL ZU ERKUNDEN

immer einen Helm tragen. Willst du eine längere Tour machen, kann es sich lohnen, das eigene Rad mitzunehmen.

Für Reisende, die lieber nicht selbst hinterm Steuer sitzen, gibt es jede Menge anderer Optionen. In einigen Ländern gibt es eine ausgeprägte Anhalterkultur. Wenn es dir doch etwas zu abenteuerlich ist, am Straßenrand den Daumen rauszuhalten, dann kannst du auch eine der vielen Apps oder Facebookgruppen nutzen, bei denen Mitfahrgelegenheiten angeboten werden. Du kannst das Auto natürlich auch links liegen lassen; in den meisten Ländern kommst du mit den öffentlichen Verkehrsmitteln bequem von A nach B. Mit dem Zug zu reisen, ist nachhaltig und im Ausland oft ein Stück günstiger als bei uns.

Mit dem Bus zu reisen, ist auch eine günstige Alternative, um längere Distanzen zu überbrücken. Bekannte Anbieter wie Flixbus, Greyhound und Megabus findest du in immer mehr Ländern. Gib im Notfall einfach bei Google »Fernbus« und dein Reiseziel ein, um zu sehen, ob es lokale Anbieter gibt. Oft hast du die Auswahl zwischen günstigen lokalen Bussen, die etwas länger unterwegs sind, Hop-On-/Hop-Off-Bussen voller feierwütiger Backpacker und luxuriösen Bussen, die am schnellsten, aber auch am teuersten sind.

Bei Orten, die am Meer liegen, findest du oft bezahlbare Fähranbieter. Bist du in einem Land mit vielen Inseln, wie Griechenland oder den Philippinen, brauchst du neben der Fähre vielleicht gar kein anderes Verkehrsmittel mehr. Auch in Städten wie London und Venedig kannst du für 2 Euro ein Fährboot oder eine Fährgondel als Alternative zu teuren Touristen-Rundfahrten nutzen. Noch ein letzter Tipp fürs Heraussuchen der besten Transportoption: Check die Website rome2rio.com, die alle Routenvorschläge mit öffentlichen Verkehrsmitteln in Sekundenschnelle anzeigt. So ist Planen ein Kinderspiel!

AUF SEITE 202 FINDEST DU EINE LISTE MIT PRAKTISCHEN WEBSITES.

LANGE FLÜGE ODER BUSREISEN ÜBERSTEHEN

Mit folgenden Artikeln in deinem Handgepäck kommst du frisch und munter ans Ziel.

// Wasser und Snacks

// Kaugummi

// Aufblasbares Nackenkissen

// Tuch zum Zudecken

// Ohrstöpsel

// Schlafmaske

// Bodylotion gegen trockene Haut (max. 100 ml)

// Laptop / Tablet / E-Reader mit heruntergeladenen Filmen / Serien / Büchern

// Mobiltelefon mit heruntergeladener Musik / Podcasts

// In-Ear-Kopfhörer oder noch besser: Noise-Cancelling-Kopfhörer

// Wenn du mit jemandem zusammen reist: Splitter (Adapter, um zu zweit mit dem Kopfhörer zu hören)

// Ladekabel und Powerbank

// Taschentücher

JOSHUA VAN EIJNDHOVEN (33) ist Unternehmer und leitet sein eigenes Reiseunternehmen: Voja Travel. Sechs Jahre lang schipperte er mit seinem Segelboot Hope um die Welt. **@joshandhope | voja.travel**

Warum wolltest du um die Welt segeln? »Die Idee war mir schon länger durch den Kopf gespukt. Ich wollte auch Pilot werden und zum Mond und da dachte ich mir: Von all meinen Plänen kann ich diesen am ehesten in die Tat umsetzen, ich muss mir nur ein Boot kaufen.«

Damals hattest du dein Jurastudium abgeschlossen. »Ja, ich war 24 und arbeitete in einer Kanzlei. Ich verdiente aber zu wenig, um ein Boot kaufen zu können, also habe ich gekündigt und mich selbstständig gemacht. Ich unterrichtete dann an der Uni, gab Workshops und eine Rechtsberatung. Damals hatte ich eine Sechzigstundenwoche.«

Wie hast du dich auf die Reise vorbereitet, und wie viel hat es gekostet? »Ich habe mir Hilfe bei einem Mentor geholt, der auch Kapitän ist, und bin auf eine Seefahrtschule gegangen. Das Boot, die Ausbildung und alle

Vorbereitungen haben mich 80 000 Euro gekostet. Ich wollte eigentlich innerhalb eines Jahres lossegeln und hatte meine Segeljacht von 11 Metern Länge schon nach acht Monaten gekauft, aber die Vorbereitungen dauerten länger. Man kann nur zu bestimmten Zeitpunkten im Jahr losfahren, deshalb musste ich letztlich zwei Jahre warten, bis ich im Sommer mit meinen ersparten 22 000 Euro startete.«

Wie lief es mit dem Segeln? »Beim Segeln muss jeder Griff sitzen und alle müssen an einem Strang ziehen – ich hatte Crew-Aushilfen und Familienmitglieder sowie Freunde, die Etappen mitgefahren sind. Ich wurde immer eigenständiger und kreativer. Die Verbundenheit mit der Natur war magisch. Manchmal begleiteten Wale und Delfine das Boot, und ich konnte selbst Fische fangen. Der Sternenhimmel war der Wahnsinn. Das vermisse ich noch immer jeden Tag, dieses Gefühl, dass man ganz allein auf der Welt ist. Das ist so eine pure Art, zu reisen.«

Wie sah deine Route aus? »Über England und Portugal segelte ich zu den Kapverden und nach Brasilien. Dort bin ich ungefähr drei Monate geblieben. Dann ging es wieder zu den Kapverden zurück.«

Wie kamst du mit deinem Budget zurecht? »Letztlich habe ich mehr ausgegeben als gedacht, gut 2 500 Euro pro Monat. Ich bin gern essen und feiern gegangen und habe ab und an ein Auto gemietet. Nach einem halben Jahr hatte ich mein Angespartes fast aufgebraucht. Als ich auf die Kapverden kam, wurde mir ein Job als Kapitän und Marketingleiter einer Luxus-Segeljacht angeboten. Das kam mir gelegen.«

Auf den Kapverden hast du auch deine Freundin Katia kennengelernt. »Ja, wir sind zusammengekommen, und als ich ein Jahr später meine Reise fortsetzte, ging sie mit. Wir hatten 40 000 Euro gespart und mussten uns insofern eine Weile lang keine Gedanken machen.«

Ihr habt buchstäblich die Welt umsegelt. Wo wart ihr überall? »Über Brasilien sind wir in die Karibik geschippert, wo wir ungefähr ein halbes Jahr geblieben sind. Hier haben wir auch wieder eine Zeit lang auf einer Megajacht gearbeitet, um uns etwas dazuzuverdienen. Danach sind wir über den Panamakanal auf den Stillen Ozean gefahren, wo wir anderthalb Jahre lang die pazifischen Inseln abklapperten. Danach ging es nach Indonesien und Malaysia und über Sri Lanka – über den Suezkanal – zurück nach Europa.«

DIE LEBENS-QUALITÄT AUF UNSERER REISE WAR SO HOCH, DAS FEHLT UNS

Letztlich warst du viel länger unterwegs als geplant. »Stimmt! Wir hatten gelernt, wie man unterwegs Geld verdient, insofern gab es keinen Grund zurückzufahren. Ich merkte auch, dass meine Geschäftspartner von meiner Weltreise total angetan waren und ich nach meiner Reise womöglich noch bessere Karrierechancen hätte. Aber nach sechs Jahren auf Achse kam dann doch die Zeit, um zurück nach Hause zu kommen.«

Wie war die Rückkehr? »Zuerst mal war es vor allem schön, alle wiederzusehen. Wir haben ein Haus gekauft, und ich habe mein Reiseunternehmen Voja Travel gegründet, das Reisen zu meinen beiden Lieblingszielen anbietet: den Kapverden und Tonga. Der Fokus liegt auf bewusstem, ökologischem und authentischem Reisen.«

Wie hat die Reise euren Blick auf die Welt verändert? »Ich tue nur, worauf ich Lust habe. Der Lebensstil ist entscheidend, nicht was man besitzt. Hast du viel Freizeit? Machst du etwas, das dir Spaß macht? Das ist wichtig. Ich merke schon, dass es schwer ist, an diesen Lebensstil in den Niederlanden anzuknüpfen. Nun ist Voja Travel mein Fokus, aber irgendwann wollen Katia und ich wieder längere Zeit weg. Die Lebensqualität auf unserer Reise war so hoch, das fehlt uns. Diesen Herbst fahren wir noch mal für einen Monat nach Tonga.«

Hast du einen Tipp für Leser, die unterwegs Geld verdienen wollen? »Such dir dort Arbeit, wo viele finanzstarke Menschen wohnen: als Personal Assistant auf Jachten in der Karibik, als Kellner in Dubai, in einem Start-up oder als Manager bei einem Resort. Auch Blogs, Vlogs und Schreiben sind nicht zu unterschätzen. Als ich begann, für eine Zeitschrift über meine Reisen zu berichten, verdiente ich 400 Euro im Monat, gegen Ende der Weltreise waren es 1 500 Euro – durch eine Kombination aus Sponsorengeldern, YouTube und dem Schreiben. Es hat zwar gedauert, sich Kontakte aufzubauen, aber selbst wenn du nur einen bestimmten Bereich hast, kannst du damit Geld verdienen. Und dann kannst du so lange reisen, wie du willst!«

137

KAPITEL 12
SPARPLAN

Du möchtest in einem Jahr aufbrechen, obwohl dein Sparkonto leer ist oder du rote Zahlen schreibst? Das geht! Mir ist das auch gelungen, als ich vor zehn Jahren als Studentin für vier Monate nach Liverpool ging. Knapp ein Jahr vorher war ich in den Miesen, aber letztlich konnte ich mein Auslandsjahr realisieren, ohne Geld leihen zu müssen. Und du kannst das auch. Allerdings wird dir das einiges abverlangen, und du musst deine Ausgaben besser im Blick haben. Wenn du dazu bereit bist, steht deinem Plan nichts im Wege. In diesem Kapitel zeige ich dir, wie du innerhalb eines Jahres das Geld für deine Traumreise zusammenbekommst.

LEGE DEIN ZIEL FEST

Zunächst musst du das Budget festlegen, das du für deine Reise benötigst. Denn wenn du diesen Betrag kennst, kannst du gezielt darauf hinsparen. Im Idealfall hast du dir inzwischen überlegt, wie du dein Auslandsjahr, Sabbatical oder deine Weltreise ausfüllen willst, wo es für wie lang hingehen soll. Anhand dieser Faktoren kannst du ausrechnen, wie viel Geld du ungefähr brauchst. Dafür gibt es zwei Methoden.

METHODE 1: **Erstelle eine Schätzung aller Einzelposten und rechne sie zusammen:**
- Flugticket
- Eventuell Visum und Impfungen (siehe Seite 202)
- Reiseversicherung
- Ausstattung (neuer Koffer, Rucksack, Kleidung, Schuhe etc.)
- Übernachtungen (Ermittle den Durchschnittspreis pro Nacht für ein Hostel / Hotel / Apartment am Reiseziel und multipliziere den Betrag mit der Anzahl der Übernachtungen, die du buchen willst.)

- Transport vor Ort (Ermittle den Durchschnittspreis für ein Flug- / Bus- oder Zugticket oder für ein Mietauto pro Tag und multipliziere ihn mit der Anzahl der Reisetage, die du geplant hast.)
- Essen (Google »Food Budget per Day« und dein Reiseziel. Gehst du gerne etwas trinken, solltest du auch die Kosten dafür dazurechnen. Den Gesamtbetrag multiplizierst du mit der Anzahl der Tage, die du an deinem Reiseziel verbringst.)
- Eintritte für Sehenswürdigkeiten und Teilnahmekosten für Aktivitäten (Ermittle die Preise für teurere Unternehmungen, die du auf jeden Fall machen möchtest, wie Bungeejumping oder eine Ballonfahrt, und rechne alles zusammen.)
- Kranken- und Haftpflichtversicherung und Kosten, die zu Hause anfallen und die du weiterhin bezahlen musst (Multipliziere diesen Betrag mit der Anzahl an Monaten, die du weggehst.)
- Rechne etwa 1 000 Euro zusätzlich für unvorhergesehene Kosten ein.
- Kündigst du vor Reiseantritt deinen Job, dann rechne noch einen Extrabetrag hinzu, damit du nach deiner Rückkehr auf jeden Fall noch einen Monat über die Runden kommst.

Der Gesamtbetrag, der dabei herauskommt, ist das Ziel, auf das du hinsparst. Hinweis: Wenn du planst, unterwegs zu arbeiten, dann schätze realistisch ein, wie hoch dein Verdienst sein wird, und ziehe diesen von deinem Sparziel ab.

METHODE 2: **Bestimme dein Tagesbudget.** Wenn dir die erste Methode nicht zusagt, weil du noch nicht weißt, wo du hinwillst oder wie lange du an einem Ort bleiben wirst, dann ist das Bestimmen des Tagesbudgets eine gute Möglichkeit, um eine Budgeteinschätzung zu bekommen. Es gibt viele Internetseiten, auf denen Reisende aufschlüsseln, wie viel sie an einem bestimmten Ort ausgegeben haben; diese Information kannst du verwenden, um dein eigenes Budget zu ermitteln. Wenn du bei Google »Daily Budget« und dein Reiseziel eingibst, bekommst du einen Eindruck davon, welche Kosten auf dich zukommen. Beachte aber, welche Art von Reise und Unterkunft dem Beispiel zugrunde liegt: Willst du in Hotels übernachten, bringt dir eine Reisekostenaufstellung für Hostelübernachtungen nichts. Hast du ein Tagesbudget gefunden, das auf dein Reisestil zutrifft, dann multipliziere es mit der Anzahl an Tagen, die du dort verbringen willst. Dadurch bekommst du eine gute Vorstellung davon, wie viel Geld du für deine Reise brauchst. Bedenke dabei, dass der Flug und Fixkosten wie Versicherungen

ES GIBT INTERNET-
SEITEN, AUF DENEN
REISENDE IHRE KOS-
TEN PRO TAG AUF-
SCHLÜSSELN

noch nicht berücksichtigt sind. Rechne diese und etwaige Kosten für Visum, Impfungen und Zubehör plus etwa 1 000 Euro für unvorhergesehene Kosten für dein Sparziel zusammen. Hinweis: Beabsichtigst du, während deiner Reise zu arbeiten, dann stell eine (realistische!) Schätzung an, wie viel du etwa verdienen wirst, und zieh diesen Betrag von deinem Sparziel ab.

BESTIMME DEINE MONATLICHE SPARSUMME

Nachdem du nun das erforderliche Budget errechnet hast, weißt du auch, wie viel du für deine Reise sparen musst. Wenn du innerhalb eines Jahres auf Reisen gehen willst und dein Konto noch leer ist, kannst du dein Sparziel durch zwölf teilen. Diesen Betrag musst du monatlich ansparen. Nicht erschrecken, falls du jetzt denkst: Was, pro Monat? Das schaffe ich nie! Wir schauen uns als Erstes deinen Monatsetat an und wie weit du damit kommst. Dann betrachten wir Optionen, wie du zusätzlich Geld verdienen und sparen kannst.

Um deinen Monatsetat zu ermitteln, musst du alle monatlichen Fixkosten aufstellen, die du zu Hause hast, und zusammenzählen:

- Miete oder Hypothek (inkl. Nebenkosten oder Hausgeld)
- Krankenversicherung
- Sonstige Versicherungen (Haftpflicht, Hausrat, Auto etc.)
- Strom
- Steuern und Gebühren (Einkommensteuer, KFZ-Steuer etc.)
- Internetanschluss und Rundfunkgebühren

- Handy (Vertrag, Ratenzahlungen)
- Sonstige Verträge, Abos und Mitgliedschaften (Netflix, Spotify, Fitness-studio etc.)
- Lebensmittel (ungefähre monatliche Kosten)
- Transport pro Monat (Auto, Zug, Leihfahrrad)
- Etwaige Studiengebühren (auf den Monat runtergerechnet)
- Etwaige monatliche Ratenzahlungen für (Studien-)Kredite
- Etwaige monatliche Spenden für einen guten Zweck

Das sind deine monatlichen Fixkosten. Brauchst du all das wirklich? Denk mal kritisch nach, auf was du verzichten oder wo du günstigere Optionen finden kannst, um Geld einzusparen. Vor allem bei Abos kann man viel herausholen, aber vielleicht kannst du auch bei den Lebensmitteln an der einen oder anderen Stelle sparen. Fertig? Dann notier dir den Gesamtbetrag deiner Fixkosten pro Monat.

Als Nächstes stellst du sämtliche Einnahmen auf, indem du deine Einkünfte auflistest (Nettogehalt, Studienförderung, Zuschüsse etc.). Von den Gesamt-einnahmen ziehst du die Fixkosten ab. Wie viel bleibt übrig? Mit diesem Betrag machen wir uns an die Arbeit.

SPAREN IN EINEM BESTIMMTEN ZEITRAUM
Einnahmen pro Monat – Gesamtbetrag Fixkosten =
200 EURO ODER WENIGER PRO MONAT ÜBRIG:

Oje, du gibst beinahe mehr Geld aus, als du einnimmst, und bist vielleicht sogar im Minus. Trotzdem kann es dir gelingen, Geld anzusparen, wenn du für zusätzliche Einnahmen sorgst und deine Ausgaben weiter kürzt. Geh noch einmal deine Fixkosten durch und prüfe, ob du nicht doch irgendet-was einsparen kannst, indem du günstigere Lebensmittel kaufst oder Abos kündigst. Notiere deine Zusatzausgaben (siehe unten), lies auf Seite 146, wie du Geld verdienen kannst und sieh dir auch die daran anschließende Infobox mit den Spartipps an. Korrigiere eventuell dein Sparziel, indem du deine Reisedauer etwas kürzt, dir ein günstigeres Reiseziel aussuchst oder eine andere Übernachtungsform wählst. Schau auch nach Work-and-Travel-Möglichkeiten. Hast du nun einen machbaren Sparbetrag? Dann richte eine monatliche Dauerüberweisung auf ein Sparkonto ein, um in einem Jahr dein Ziel zu erreichen.

200 EURO BIS 1 000 EURO PRO MONAT ÜBRIG:

Top, mit diesen Überschüssen kannst du dein Sparziel mit ein paar kleineren Anpassungen erreichen. Um jeden Monat einen ordentlichen Batzen auf dein Sparkonto überweisen und trotzdem noch gut leben zu können, kannst du dir Möglichkeiten überlegen, wie du deine Einnahmen dieses Jahr steigern und / oder deine Fixkosten senken kannst. Außerdem solltest du gut auf deine übrigen Ausgaben, etwa für Kleidung, Ausflüge und Geschenke, achten. Lies im Folgenden, wie du diese Ausgaben im Zaum halten und gleichzeitig etwas hinzuverdienen und ansparen kannst.

1 000 EURO ODER MEHR PRO MONAT ÜBRIG:

Super! Mit einem solch hohen Überschuss ist es möglich, im Handumdrehen eine hübsche Summe zu sparen, ohne viele Maßnahmen ergreifen zu müssen. Innerhalb eines Jahres etwa 10 000 Euro für deine Reise zu sparen, dürfte für dich ein Klacks sein. Richte einen monatlichen Dauerauftrag über 850 Euro pro Monat auf dein Sparkonto ein, um dein Ziel von 10 000 Euro zu erreichen. Nach Abzug deiner Fixkosten hast du noch genug übrig für Dinge wie Ausgehen, Kleidung, Ausflüge und Geschenke. Dennoch ist es wichtig, diese Zusatzausgaben ein wenig im Blick zu behalten, um nicht zu viel auszugeben.

NOTIERE DEINE AUSGABEN

Dein Sparplan steht und fällt mit deiner Disziplin. Um dich daran zu halten, musst du dich bei deinen Zusatzausgaben zurückhalten. Kleinigkeiten wie Kaffee trinken und essen gehen, Festivals und Ausflüge läppern sich schnell, und ehe du es dich versiehst, musst du deine Reserven anbrechen, um über den Monat zu kommen. Das wollen wir vermeiden, insofern gibt es nur eine Möglichkeit: Du musst deine Ausgaben festhalten. Du hast bereits errechnet, was du pro Monat an Fixkosten ausgibst. Schau, wie viel du nach Abzug deines Sparbetrags noch übrig hast. Um dein Sparziel zu erreichen, musst du nur dafür sorgen, dass deine Zusatzausgaben pro Monat diesen Betrag nicht überschreiten.

Früher hat man dafür ein Kassenbuch verwendet, heute gibt es jede Menge toller Apps, die dir das Haushalten erleichtern. Noch einfacher ist es, wenn du die Notizfunktion auf deinem Handy verwendest. Ich mach das nun bereits seit zwei Jahren und für mich funktioniert das sehr gut. 2018 habe ich jeden Monat 500 Euro zurückgelegt und hatte 400 Euro pro Monat für Zusatzausgaben übrig, also 100 Euro pro Woche. Jede Woche habe ich dann auf dem Handy meine Ausgaben für Drinks, Kleidung, Konzerte, Kinobesuche und Geschenke notiert. Natürlich gab es auch Wochen, in denen ich den Betrag von 100 Euro überzogen hab (manchmal hat man Pech mit unvorhergesehenen Kosten, manchmal kann man an einem Kleid im Laden einfach nicht vorbeigehen), aber in anderen Wochen konnte ich das wettmachen, indem ich unter den 100 Euro blieb. So habe ich die Balance gehalten und hatte nach einem Jahr dank meines Urlaubgelds, das ich direkt auf mein Sparkonto überwies, und einiger besonders sparsamer Monate sogar 10 000 Euro statt der geplanten 6 000 Euro beiseitegelegt.

Meine Methode zu sparen und Ausgaben festzuhalten, ist natürlich nur eine von vielen, und es kann gut sein, dass für dich eine andere besser funktioniert. Es gibt keine richtige oder falsche Art, solange es dir hilft, deine Ausgaben unter Kontrolle zu halten, sodass du jeden Monat den entsprechenden Betrag auf dein Sparkonto überweisen kannst (und das Geld dort auch lässt bis zu deiner Reise).

GELD HINZUVERDIENEN

Verdienst du momentan nicht genug, um dein Sparziel innerhalb eines Jahres zu erreichen, gibt es verschiedene Möglichkeiten, um an zusätzliches Geld zu kommen. Wenn du studierst, ist die mit Abstand einfachste Option die, dir einen (neuen) Nebenjob zu suchen oder zusätzliche Stunden zu arbeiten, falls du bereits eine gute Stelle hast. Ich habe während des Studiums

HÖRE DICH UM UND HALTE AUS-SCHAU NACH DEN BESTBEZAHLTEN STUDENTENJOBS

immer in der Gastronomie gejobbt, aber als mir nur noch ein halbes Jahr bis zu einer längeren Reise blieb und ich noch nichts gespart hatte, habe ich bei einem Callcenter angefangen. Die Arbeit war zwar nicht meins, aber ich habe fast doppelt so viel verdient wie in der Gastro. Hör dich in deinem Umfeld um und halte Ausschau nach den bestbezahlten Studentenjobs. Schau auch nach »regulären« Jobs, für die du infrage kommst. Hier verdienst du meist deutlich mehr und musst auch nicht immer gleich die vollen 40 Stunden arbeiten.

Hast du bereits einen Vollzeitjob und immer noch zu wenig Geld, gibt es genug Wege, deinen Lohn aufzustocken. Am lukrativsten ist es, nach einer Gehaltserhöhung zu fragen. Das geht natürlich nur, wenn du ein gutes Standing hast, insofern ist eine andere Option, zu versuchen zusätzliche Aufträge neben deiner festen Arbeit anzunehmen. Frag deinen Chef, ob es vielleicht anstehende Arbeiten gibt, die du an ein paar Wochenenden erledigen kannst, oder frag in deinem Umfeld, ob jemand von einer Teilzeitstelle weiß.

Abgesehen davon kannst du natürlich auch ein wenig hinzuverdienen, indem du nicht benutzte Dinge verkaufst. Geh deinen Hausrat durch und stell Technikkram oder Möbel, die du nicht mehr benötigst, oder Kleidungsstücke, die du nicht mehr anziehst, zum Verkauf. Sehen die Sachen noch gut aus, kannst du davon ausgehen, dass es jemanden gibt, der bereit ist, dafür Geld zu bezahlen. Stelle alles auf eBay oder eBay Kleinanzeigen ein, mach einen Aufruf auf Facebook oder gehe damit auf einen Flohmarkt.

Deine Wohnung oder dein Zimmer ist wahrscheinlich der größte Kostenfaktor in deinem Leben. Sorg deshalb vor deiner Abreise dafür, dass du deine Wohnung oder dein Zimmer kündigst, oder suche einen Zwischenmieter. Vergiss nicht, auch die Kosten für Strom, Warmwasser, Heizung, Internet und sonstige wohnungsbezogene Ausgaben in den Untermietpreis einzuberechnen. Falls du viel Platz hast, kannst du überlegen, bereits in dem Jahr vor deiner Abreise ein Zimmer an eine:n Student:in unterzuvermieten, und sei es nur für ein paar Monate. Indem du eine Zeit lang mit einem oder einer Mitbewohner:in zusammenwohnst, bekommst du nicht nur zusätzliches Geld rein, sondern wirst auch weniger für Lebensmittel ausgeben. Du kannst darüber hinaus überlegen, ob du deine Wohnung oder dein Zimmer ein paar Wochenenden oder Wochen lang über eine Plattform wie Airbnb vermietest (hol vorher aber ggf. die Erlaubnis deines Vermieters ein). Das kann dir bereits Hunderte, wenn nicht gar Tausende Euro extra einbringen, vor allem, wenn du die gesamte Wohnung vermietest und derweil bei deiner Familie oder bei Freunden unterkommst. Du kannst auch vor Reiseantritt einen oder zwei Monate früher aus deiner Wohnung rausgehen und bei Freunden auf der Couch schlafen. Oder du wünschst dir zum Geburtstag statt Geschenken einen Beitrag zu deiner Fernreise. Jedes bisschen hilft.

AUF SEITE 202 FINDEST DU EINE LISTE MIT PRAKTISCHEN WEBSITES.

ZUSÄTZLICHE TIPPS
ZUM SPAREN

// Deine Freunde schlagen vor, etwas essen oder trinken zu gehen? Frag, ob ihr euch nicht bei einem von euch daheim treffen könnt; das spart enorm.

// Verzichte auf neue Kleidung, außer es ist speziell für die Reise. Du brauchst keine neuen Klamotten, echt nicht. Hast du nach ein paar Monaten deine Garderobe satt? Dann organisier einen Kleidertausch mit Freunden – so kommst du gratis an neue Kleidungsstücke, und Spaß macht das auch.

// Geschenke für Familie und Freunde gehen schnell ins Geld. Erkläre ihnen einfach, dass du dieses Jahr auf deine Reise sparst, und schenke ihnen selbst gemachte Karten und dazu einen Ableger von einer deiner Zimmerpflanzen. Ein kleiner Blumentopf kostet gerade mal ein paar Euro.

// Kündige deine Abos für Netflix und Spotify. Das bringst du nicht übers Herz? Dann lege mit Freunden oder Familienmitgliedern einen Familienaccount an, um die Kosten zu teilen.

// Überprüfe, ob du bestimmte Dienstleistungen, auf die du nicht verzichten kannst (Strom, Internet, Handy), nicht vielleicht günstiger bekommst.

// Gibst du viel Geld für den täglichen Transport aus, da du etwa das Auto oder den Zug zur Arbeit nimmst? Überprüfe, ob du diese Ausgaben senken kannst, indem du eine Weile mit einem Kollegen eine Fahrgemeinschaft bildest oder einen Tag in der Woche im Homeoffice arbeitest.

// Der größte Teil deiner Energiekosten geht fürs Heizen drauf. Stelle in den Wintermonaten dein Thermostat ein paar Grad niedriger ein und zieh einen warmen Pulli an. Wenn dein Energieverbrauch geringer ausfällt, bekommst du am Ende des Jahres eine Rückzahlung.

// Lebensmittel sind teuer, aber auch hier kannst du sparen: Iss weniger Fleisch und Fisch, kaufe keine Markenartikel ein und beziehe dein Obst und Gemüse auf dem Markt kurz vor Verkaufsschluss, wenn es fette Rabatte gibt. Oder du schließt dich einer Organisation wie Too Good To Go an, wo du für ein paar Euro eine Kiste mit frischen Produkten bekommst, die sonst weggeworfen würden.

MOHSIN AMDAOUECH (29) ist Unternehmer und Inhaber des Reiseanbieters #nietnadenkengewoondoen. Nach dem Studium ging er für 13 Monate auf Weltreise.
@mohsinopwereldreis | nietnadenkengewoondoen.nl

Warum wolltest du länger weg? »Ich hatte während des Studiums bereits ein paar kürzere Backpackertrips gemacht und war davon begeistert. Bis zu meinem zwanzigsten Lebensjahr war ich zwar jedes Jahr einen Monat in Marokko gewesen, um meine Familie zu besuchen, aber das Konzept Backpacken war bei uns nicht so verbreitet. Eigentlich hat mein Vater mich mit seinem Reisefieber angesteckt. Er gehört zur ersten Generation Gastarbeiter, die in den 70er-Jahren in die Niederlande kamen. Ende der 90er-Jahre hat er seine erste längere Reise unternommen und danach noch viele andere. Er hat mich inspiriert. Ich wollte gern eine Weltreise machen, um dieses Gefühl von Unabhängigkeit zu erleben, und gab mir selbst ein Jahr, um alles zu machen, worauf ich Lust hatte. Eine Woche nach meinem Uniabschluss fuhr ich los – damals war ich 25.«

EINE WELTREISE IST MACHBAR, ABER MAN MUSS PRIORI- TÄTEN SETZEN

Wie sah deine Reisroute aus? »Es ging in Rio de Janeiro los: Ich bin fünf Monate durch Argentinien, Chile, Bolivien, Peru, Ecuador, Kolumbien, Panama und Costa Rica gereist. Dann ging es nach New York und über Dubai nach Südafrika. Danach ging ich nach Asien: über Thailand nach Malaysia, Bali und auf die Philippinen. Zum Schluss flog ich nach Australien, wo ich einen zweimonatigen Working Holiday einlegte. Nach 13 Monaten war ich wieder zu Hause.«

Wie hast du für deine Reise gespart? »Ich hatte während des Studiums in einem Handyladen gejobbt. So konnte ich 17 000 Euro sparen und wollte erst zurückkehren, wenn das Geld alle war.«

Wie kamst du mit deinem Budget zurecht? »Auf den Philippinen hatte ich nach elf Monaten nur noch 1 100 Euro übrig. Dann bin ich von meinem letzten Geld nach Australien geflogen. Ich kam an einem Wochenende in Sydney an und bin Montagmorgen am Bondi Beach in den Vodafone-Laden spaziert und habe dort auch tatsächlich einen Job bekommen. Von da an verdiente ich 28 Dollar pro Stunde. Ich habe zwei Monate lang dort gearbeitet und 7 000 Euro verdient.«

Hatte deine Religion Einfluss auf deine Reise? »Ich bin Muslim. In manchen Ländern war es nicht leicht, halal zu essen. Auch eine Moschee zu finden, war schwierig. Aber mein Glaube führte auch zu einzigartigen Erlebnissen: So habe ich Moscheen in verschiedenen Ländern besucht, den Ramadan in Kolumbien erlebt und das Opferfest in New York gefeiert. In Thailand war ich bei den Full Moon Partys der einzig Nüchterne, da ich keinen Alkohol trinke. Das war besonders!«

Was hat dir diese Reise gebracht? »Ich blicke inzwischen anders auf die Welt. Vor allem die Menschen, die ich getroffen habe, sind mir in Erinnerung geblieben. Auf Reisen ist man ganz man selbst. Und ich habe wirklich erlebt, dass die Menschheit im Grunde gut ist.«

Während deiner Reise hast du regelmäßig auf deiner Facebookseite berichtet. »Ich hatte eine einfache Nachricht eingetippt, dass ich auf Weltreise gehen würde und mir die Menschen folgen konnten, wenn sie wollten. Innerhalb einer Woche hatte ich 7 000 Follower, dabei war ich noch nicht mal losgefahren! Ich erreichte eine große Zielgruppe, die oft vergessen wird: Niederländer mit Migrationshintergrund. Vor allem die zweite, dritte Generation – die sind hier aufgewachsen und ebenfalls am Reisen interessiert.«

Wieder zurück in den Niederlanden hast du ein eigenes Reiseunternehmen für genau diese Zielgruppe gegründet. Nun organisierst du ganzjährig Gruppenreisen. Was gefällt dir daran so gut? »Erlebnisse mit anderen Menschen zu teilen, die zu Anfang noch Fremde, aber am Ende wie eine Familie für dich sind, das ist so schön. Es ist eine Community daraus entstanden. Zuletzt hatte ich einen Jungen dabei, der das erste Mal geflogen ist, das war fantastisch.«

Hast du Spartipps für die Leser? »Ich bekomme oft von Leuten zu hören, dass es ihnen schwerfällt, für eine Reise zu sparen. Ich sage dann immer: ›Die 17 000 Euro, die ich damals gespart habe, sind ungefähr so viel, wie man für eine marokkanische Hochzeit ausgibt, und dafür kratzen die Leute auch ihr letztes Geld zusammen. Insofern ist eine Weltreise machbar, aber man muss Prioritäten setzen.‹ Man kann Hunderte Gründe finden, etwas nicht zu tun, aber um etwas zu tun, muss man nur seinem Herzen folgen. Das war auch meine Einstellung der letzten Jahre. Nicht nachdenken, einfach machen!«

VOR-DER-REISE-ZU-ERLEDIGEN-CHECKLISTE

Deine Route steht, dein Konto füllt sich, dann bist du bald startklar, oder? Nicht ganz. Leider gibt es noch diverse Dinge, die du regeln musst. Diesen organisatorischen Aspekt finde ich mit Abstand am langweiligsten, aber man kommt leider nicht drum herum. Wenn du länger wegfährst, bekommst du es mit Visumanträgen und Papierkram zu tun, den du erledigen musst. Du kannst das natürlich bis zum letzten Moment aufschieben, so wie ich damals vor meinem Praktikum in New York, aber das sorgt nur für unnötigen Stress. Besser ist es, alle Punkte auf einer To-do-Liste zu sammeln, sodass du jeden Monat nur ein paar Dinge angehen musst. Das macht es überschaubar und, ich möchte fast sagen, angenehm, weil du voller Vorfreude auf dein Ziel hinarbeitest. Mit dieser ultimativen Vor-der-Reise-zu-erledigen-Checkliste bist du bestens für alles gewappnet.

CHECKLISTE

12 MONATE VOR ABREISE

○ Eröffne ein Sparkonto, falls du noch keines hast, und beginne so schnell wie möglich zu sparen.

○ Prüfe deinen Handyvertrag: Wie lange bist du noch daran gebunden? Kannst du ihn, wenn du demnächst auf Reisen gehst, pausieren oder kündigen?

○ Stell auf Vergleichsplattformen wie Skyscanner oder Momondo einen Preisalarm für Flugtickets in dein Zielland ein.

CHECKLISTE

6 MONATE VOR ABREISE

○ Beantrage ggf. eine Kreditkarte (Flüge immer damit bezahlen).

○ Buche deine Flüge: Langstreckenflüge sind nun am günstigsten.

4 MONATE VOR ABREISE

○ Überlege, was du mit deiner Wohnung machst. Erstelle ggf. eine Annonce für die Zwischenmiete. Wer kann in deiner Abwesenheit für Pflanzen und / oder Haustiere sorgen?

○ Ist dein Reisepass bei der geplanten Abreise keine 6 Monate mehr gültig, beantrage einen neuen.

○ Kauf einen Reiseführer: *Lonely Planet* gibt es für Länder und Regionen (z.B. *Südoastasien für wenig Geld*).

3 MONATE VOR ABREISE

○ Erkundige dich, ob du ein Visum brauchst, und beantrage es online, über eine Visum-Agentur oder bei der Botschaft.

○ Erfrage beim Außenministerium, welche Impfungen du brauchst. Vereinbare ggf. einen Termin beim Tropeninstitut, um dich impfen bzw. dir Malariamedikamente verschreiben zu lassen.

○ Überlege, was du mit dem Auto machst. Du kannst es verleihen oder abmelden und dich von der Versicherung befreien lassen.

○ Erstelle eine Liste der Dinge, die du am Reiseziel regeln musst. Denk auch daran, eine Sim-Karte zu kaufen und ein Konto zu eröffnen, falls du länger bleibst, und beantrage eine Steuernummer, falls du arbeiten willst.

○ Kündige die Wohnung oder suche jetzt einen Zwischenmieter.

○ Wenn du deine Wohnung aufgibst und keinen neuen Wohnsitz anmeldest, musst du dich in deinem Heimatland abmelden. Das kannst du umgehen, indem du etwa bei Freunden gemeldet bleibst.

○ Innerhalb der EU kannst du die Europäische Krankenversicherungskarte oder das Formular S1 beantragen. Informier dich bei deiner Kasse, ob die Versorgung während deiner Reise übernommen wird. Reist du außerhalb der EU, benötigst du eine Auslandskrankenversicherung. Es gibt spezielle Tarife für digitale Nomaden (Kombination aus Reise- und Krankenversicherung). Wenn du länger als acht Wochen unterwegs bist,

CHECKLISTE

brauchst du eine Langzeit-Auslandskrankenversicherung. Informiere dich bei deiner Versicherung, welche Möglichkeiten es gibt. Schließe außerdem eine Reiseversicherung ab.

○ Kündige deine Verträge und / oder Abos oder pausiere sie (Fitnessstudio, Handyvertrag etc.).

2 MONATE VOR ABREISE

○ Beginne mit den Reiseeinkäufen (siehe Liste auf Seite 165).

○ Beantrage (falls nötig) bei deinem Arzt einen Medikamentenausweis und besorge einen Medikamentvorrat für die Reise.

○ Google, ob du bei der Einreise einen Rückflug vorweisen können musst. Hast du nur ein Hinflugticket, buche pro forma einen Weiterflug (Onward Ticket) über Best Onward Ticket, um es am Zoll vorzuzeigen. Du bezahlst eine kleine Gebühr, und das Ticket wird storniert, sobald du den Zoll passiert hast.

○ Buche deine erste Übernachtungsmöglichkeit.

○ Installiere auf deinem Laptop und deinem Smartphone eine VPN-Software (Virtual Private Network); die ist praktisch für Länder, in denen manche Internetseiten blockiert sind.

○ Steht in deiner Reisezeit eine Steuererklärung an? Informiere dich über die Fristen in deinem Heimatland. Hast du einen Steuerberater, ist die Abgabefrist meist später. Du kannst beim Finanzamt eine Vollmacht für einen Vertrauten beantragen. Bereite für diesen alle Steuerunterlagen gut vor.

○ Beantrage ggf. einen internationalen Führerschein.

1 MONAT VOR ABREISE

○ Bitte einen Freund, als Ansprechpartner für deinen Zwischenmieter zu fungieren. Gib ihm die Nummer deines Vermieters und Kontaktdaten des Telefon-, Internet-, Stromanbieters. Willst du nicht, dass deine Post bei deinem Zwischenmieter ankommt, stelle einen Nachsendeauftrag und lasse sie an deine Familie senden. Erteile einer Vertrauensperson eine Vollmacht für deine Bankgeschäfte, damit sie dir helfen kann, wenn z. B. deine Kreditkarte gestohlen wird.

○ Vereinbare einen Zahnarzttermin für eine Routinekontrolle.

ERTEILE EINER VERTRAUENSPERSON EINE VOLLMACHT FÜR DEINE BANKGESCHÄFTE

2 BIS 3 WOCHEN VOR ABREISE

○ Recherchiere, wie du vom Flughafen am einfachsten und günstigsten zu deiner Unterkunft kommst.

○ Scanne (oder fotografiere) deinen Pass, deine Kredit-, EC- und Krankenversicherungskarte und schicke es dir per E-Mail.

○ Informiere dich, welche Gebühren für das Abheben mit EC-Karte erhoben werden. Karten mit dem V-Pay-Logo können europaweit, Karten mit dem Maestro-Logo weltweit verwendet werden.

○ Besorge dir evtl. US-Dollar, um vor Ort bar zu zahlen.

1 WOCHE VOR ABREISE

○ Ziehe aus deiner Wohnung aus und übernachte bei Freunden. Das gibt dir die Zeit, um alles in Ordnung zu bringen und in Ruhe zu packen. Je eher du das machst, desto mehr Miete sparst du. Pack dein Gepäck schon einmal, damit du weißt, wie schwer dein Koffer ist und ob du etwas dalassen musst.

2 TAGE VOR ABREISE

○ Gehe diese Liste und die Packliste auf Seite 165 durch, um sicherzugehen, dass du nichts vergessen hast. Gute Reise!

LISA KOLSTER (23) ist Vloggerin und reiste zum Zeitpunkt des Gesprächs mit ihrem Freund durch Asien und Europa. **@lisakolster**

Wie sieht eure Reiseroute aus? »Als wir losfuhren, hatten wir ein paar Ziele im Kopf: Sri Lanka, die Malediven und Nepal. Diese Länder haben wir in den ersten drei Monaten unserer Reise besucht und nun reisen wir quer durch Asien und Europa, immer der Nase nach. Wir schmieden jede Woche andere Pläne und finden es schön, so wenig festgelegt und so frei wie möglich zu sein.«

Im Moment seid ihr auf Bali. Wie lange plant ihr noch zu reisen? »Wir haben uns vorgenommen, auf unbestimmte Zeit unterwegs zu sein. Wenn uns die Lust oder das Geld ausgeht, fahren wir wieder nach Hause. Inzwischen sind wir sechs Monate unterwegs und haben noch lange nicht genug! Allerdings haben wir doch so was wie ein Enddatum im Hinterkopf, weil ich für eine von mir organisierte Gruppenreise wieder kurz in die Niederlande muss.«

ASIEN IST EIN GÜNSTIGER KONTINENT ZUM REISEN, HAT ABER AUCH VIEL ZU BIETEN

Warum wolltet ihr eine längere Reise unternehmen? »Urlaub ist auch schön, aber ich wollte diese Freiheit erleben. Ich habe das Gefühl: Jetzt bin ich jung, jetzt geht das noch. Außerdem bin ich relativ ungebunden und hab mir immer vorgenommen, dass ich, sobald ich meine Abschlüsse in der Tasche habe, längere Zeit reisen möchte.«

Du hast während des Studiums dafür gespart? »Ja, ich habe direkt ab dem ersten Jahr monatlich Geld auf die hohe Kante gelegt. Insgesamt habe ich vier Jahre gespart und bin mit 10 000 Euro losgefahren. In Asien kommt man damit bis zu zehn Monate über die Runden.«

Ist das auch der Grund, weshalb ihr euch für Asien entschieden habt? »Asien ist ein günstiger Kontinent zum Reisen, hat aber auch viel zu bieten. Verschiedene Kulturen, leckeres Essen. Andere Kontinente fände ich auch spannend, aber irgendwo muss man anfangen.«

Wie sah eure Vorbereitung aus? »Ich bin nicht der Typ, der sich penibel auf alles vorbereitet. Hauptsache, die wichtigsten Papiere und Impfungen sind geregelt. Am Anfang haben wir uns einen Überblick über die Länder verschafft, die wir gerne sehen wollten. Den ersten Monat lang wussten wir nur, welche Route durch Sri Lanka wir wählen würden, den Rest haben wir unterwegs entschieden. Das würde ich auch anderen als Tipp mitgeben: nicht alles Tag für Tag durchtakten. Wer weiß, vielleicht triffst du unterwegs nette Leute, mit denen du weiterreisen willst. Sei flexibel, das spart dir außerdem Kosten.«

Ihr seid noch unterwegs, aber kannst du schon etwas darüber sagen, was dir die Reise bisher gebracht hat? »Sie hat mir schon total viel gebracht. Die Welt ist so unfassbar groß, aber gleichzeitig klein. Ich habe während meiner Reise viele Menschen getroffen, die dieselben Leidenschaften und Interessen teilen wie ich. Und ich habe viel über die Umwelt gelernt; in Asien wird man schnell mit dem Plastikmüll konfrontiert. Wir haben schon an verschiedenen Beach Cleanups teilgenommen, wo man morgens den Strand von Plastik säubert. Außerdem weiß ich vieles mehr zu schätzen als vorher. Vor allem die Momente mit meiner Familie und meinen Freunden. Man hat auf Reisen viel mehr Zeit, um nachzudenken und ganz man selbst zu sein. Man trifft ständig neue Leute, mit denen man besondere Gespräche führt. Man wird auch ein Stück entspannter und offener. Man lernt voneinander. Das werde ich auf jeden Fall von dieser Reise mitnehmen, wenn ich zurückkehre.«

Was war die bislang schönste Erfahrung? »Wir haben in jedem Land viele schöne Erlebnisse gehabt. Indien war etwas ganz Besonderes durch die Kultur und die Menschen und Sri Lanka hat spektakuläre Landschaften. Ich glaube, die schönste Erfahrung ist, dass wir dieses Abenteuer eingegangen sind. Natürlich hat man immer Zweifel, ob man den Schritt machen soll, aber man muss sich immer vor Augen halten, dass man jederzeit nach Hause fliegen kann, falls es einem nicht gefällt. Das möchte ich allen Leuten, die noch mit sich hadern, ob sie eine längere Reise wagen sollen, mitgeben: Denk nicht lang darüber nach, mach es einfach. Glaub mir, das wird eine unvergessliche Erfahrung!«

KAPITEL 14
DIE PERFEKTE PACKLISTE

Ich bin keine Heldin, was das Packen betrifft. Man sollte meinen, dass ich den Dreh inzwischen raus hab, aber nein. Wenn ich ohne Liste packe, nehme ich mit Sicherheit zu viel mit. Selbst mit Liste komme ich oft wieder daheim an mit Teilen, die ich nie getragen habe. Zum Glück habe ich meine Packliste in den letzten Jahren so weit perfektioniert, dass ich nie etwas Wesentliches vergesse und im Grunde alles innerhalb einer Stunde zusammenhabe. Für dieses Kapitel habe ich meine Liste so angepasst, dass du sie für jede Reise als Grundlage nutzen kannst.

WENIGER IST MEHR

Der größte Fehler beim Packen für eine längere Reise ist, dass man zu viel mitnimmt. Hatte ich mich für meine erste längere Reise nach Liverpool noch brav eingeschränkt, übertrieb ich bei meiner Reise nach New York völlig. Ich kaufte einen Koffer, der über 80 cm lang und 50 cm breit war, und stopfte ihn mit der Hälfte meines Hab und Guts voll. Das Ergebnis? Ich konnte ihn kaum hinter mir herziehen, und als ich in New York ankam, stellte sich heraus, dass mein schwerer Koffer in Amsterdam geblieben war. Am ersten Tag meines Praktikums musste ich also in meiner verschwitzten Reisekleidung aufschlagen und eine Woche lang hatte ich kein Asthmaspray. Ich glaube, ich muss wohl kaum erwähnen, dass ich dieses Monsterding nie wieder benutzt habe.

Inzwischen reise ich, insofern das möglich ist, nur noch mit Handgepäck. Damit kommt man auch auf einer längeren Reise prima zurecht. Wie das geht? Pack deinen Koffer oder deinen Rucksack mit Kleidung für eine Woche. Mehr brauchst du nicht! Du musst einfach jede Woche deine Klamotten waschen. Das Worst-Case-Szenario ist, dass du deine Unterwäsche ausnahmsweise mal im Waschbecken des Hostels oder Hotels waschen musst, aber an den meisten Orten kannst du deine Kleidung einfach in einen Waschautomaten werfen oder gibst sie für ein paar Dollar in die Reinigung. Somit reicht das Handgepäck völlig aus, was auch sehr praktisch ist, wenn du auf deiner Reise mehrere Flüge nehmen musst. Dein Handgepäck hast du nämlich immer dabei, während aufgegebenes Gepäck auch mal verloren gehen kann (siehe oben).

RUCKSACK VS. KOFFER

Findest du Reisen nur mit Handgepäck doch etwas zu heikel, dann entscheide dich für einen Koffer oder einen Rucksack von mittlerer Größe (60-70 cm für einen Koffer, 60-80 Liter für einen Rucksack), um ihn aufzugeben. Ich selbst nehme bei Rundreisen nur einen Rucksack mit, wenn ich weiß, dass ich viel über unbefestigte Wege laufen oder mit einem Boot oder einem Motorroller fahren werde. Für alle anderen Fälle finde ich einen Koffer handlicher, aber das ist eine persönliche Vorliebe. Neben deinem aufgegebenen Gepäck kannst du einen sogenannten Daypack, einen kleinen Rucksack, mitnehmen. Sorg dafür, dass du darin alle deine elektronischen Geräte und Wertsachen transportierst, deine Reisedokumente, einen Stift (zum Ausfüllen der Einreisedokumente im Flugzeug) und deine Medizin. Ich finde es auch praktisch, ein paar zusätzliche Kleidungsstücke in mein Handgepäck zu stopfen, für den Fall, dass das aufgegebene Gepäck abhandenkommt.

BEISPIELPACKLISTE

Für die Liste in diesem Kapitel bin ich von einer Weltreise in ein warmes Land ausgegangen mit Übernachtung in Hostels. Bei dieser Menge an Kleidung musst du ungefähr einmal pro Woche waschen und kannst im Prinzip so lange auf Reisen gehen, wie du willst. Reist du in ein kälteres Land, brauchst du noch eine warme wasserdichte Jacke, mindestens eine warme Hose, einen warmen Pulli, Mütze, Handschuhe und Thermounterwäsche. Gehst du zelten, benötigst du außerdem ein Zelt, eine Isomatte, einen Schlafsack und Campingausrüstung. In beiden Fällen wird das Reisen nur mit Handgepäck schwierig, aber eine Backpackerreise mit Übernachtungen in Hostels ist ohne zusätzliches aufgegebenes Gepäck gut machbar. Übernachtest du in Apartments oder Hotels, kannst du zudem deinen Schlafsack und dein Reisehandtuch zu Hause lassen.

EINPACKEN

KLEIDUNG

- ○ 1 Freizeithose oder Leggings (auch zum Sport verwendbar)
- ○ 3 kurze Hosen / Röcke / Kleider
- ○ 1 elegante / s Hose oder Kleid
- ○ 1 Weste oder dünne Jacke
- ○ 1 Pullover
- ○ 1 elegante / s Hemd / Bluse
- ○ 5 T-Shirts und / oder Hemden
- ○ 7 Unterhosen und 2 BHs (falls du welche trägst)
- ○ 7 Paar Socken
- ○ 1 Pyjama (Shorts und Shirt oder ein Nachthemd sind praktisch für Schlafsäle)
- ○ 2 Badehosen / Badeanzüge / Bikinis

SCHUHE

- ○ 1 Paar Schuhe, in denen du gut gehen kannst (Turnschuhe oder Skaterschuhe, nur wenn du anspruchsvolle Wanderungen unternimmst, sind Wanderstiefel praktischer)
- ○ 1 Paar (bequeme!) semi-schicke Schuhe (lieber Espadrilles als Lackschuhe)
- ○ 1 Paar Slipper oder Sandalen (fürs Duschen in Hostels ist es praktisch, wenn sie wasserdicht sind)

WICHTIGE DINGE

- ○ Reisepass & Impfpass
- ○ Waschbare Mund-Nasen-Schutzmasken
- ○ Flugtickets
- ○ Führerschein & (außerhalb der EU) internationaler Führerschein
- ○ Versicherungsinfo (Reise- und Krankenversicherung) & Notrufnummern
- ○ Liste der Dinge, die du evtl. am Reiseziel erledigen musst (siehe Seite 154)
- ○ EC-Karte & Kreditkarte
- ○ Studierendenausweis, sofern du einen hast (damit gibt es oft Rabatte)
- ○ Einen Stapel US-Dollar (außerhalb Europas)
- ○ Reiseportemonnaie
- ○ Passfotos (für die Visaanträge vor Ort)
- ○ Kopie des Reisepasses

ELEKTRONISCHE GERÄTE

- ○ Handy & Ladekabel
- ○ Laptop / Tablet & Ladekabel
- ○ Kamera & Ladekabel
- ○ Externe Festplatte (oder Cloud-Speicher einrichten; für ein Foto-Back-up)
- ○ Kopfhörer oder In-Ear-Kopfhörer (und Splitter, wenn du mit jemandem zusammen reist)
- ○ Eventuell E-Reader
- ○ Powerbank (eine leistungsstarke)
- ○ Weltadapter (mit mehreren USB-Anschlüssen, um Geräte gleichzeitig zu laden)

EINPACKEN

GEPÄCK UND MEHR

- ○ Koffer oder Rucksack mit Ge-packanhänger, auf dem deine Telefonnummer steht
- ○ Daypack (wenn du aufgegebe-nes Gepäck hast) oder Wander-rucksack (wenn du nur Handge-päck hast)
- ○ Packwürfel (Jutebeutel tun es auch)
- ○ Großes Tuch oder Sarong (kannst du als Handtuch, Kissen, Vorhang verwenden)
- ○ Buff-Tuch (kann man als Schal, Haarband, Kopftuch und Maske verwenden)
- ○ Schlafsack
- ○ Reisehandtuch
- ○ Nackenkissen (aufblasbar)
- ○ Ohrstöpsel
- ○ Schlafmaske
- ○ Edelstahl- oder andere wieder-verwendbare Flasche
- ○ Robustes Ziffernschloss
- ○ Sonnenbrille
- ○ Poncho (der in eine Minitasche passt)
- ○ Reiseführer
- ○ Eventuell ein Buch oder eine Zeitschrift (Bücher kannst du oft in Hostels gegen andere tau-schen)
- ○ Ein Kartenspiel oder ein anderes kompaktes Spiel (die Reise-ausgabe von Qwirkle ist mein Favorit)
- ○ Stift

TOILETTENARTIKEL

- ○ Bürste und / oder Kamm
- ○ Zahnbürste und 1 kleine Tube Zahnpasta
- ○ Deo (max. 100 ml)
- ○ Miniflaschen Shampoo und Duschgel (oder du kaufst vor Ort große Flaschen; alternativ festes Shampoo)
- ○ Sonnencreme (max. 100 ml; oder eine Tagescreme mit Lichtschutz-faktor)
- ○ Rasierer
- ○ Verhütungsmittel
- ○ Eventuell Brille und / oder Linsen
- ○ Eventuell Tampons (Binden sind überall auf der Welt erhältlich, aber in einigen Ländern gibt es kaum Tampons; google vorab, ob das auf dein Reiseziel zutrifft)
- ○ Taschen- & Feuchttücher
- ○ Kosmetikpads & Wattestäbchen
- ○ Eventuell Make-up (beschränk dich auf die Basics)

EINPACKEN

ERSTE-HILFE-SET

- Pinzette, Zeckenzange, Nagel-knipser & kleine Schere
- Pflaster, Verband, Desinfektions-spray & Fixierpflaster
- Durchfallmittel
- Schmerzmittel
- Insektenschutzmittel
- Desinfektionsmittel
- Mittel gegen Reisekrankheit
- Eventuell andere Medikamente (und den Medikamentenaus-weis)

WAS DU DEFINITIV NICHT MITNEHMEN SOLLTEST

// Einen Koffer oder **Rucksack mit mehr als 80 Litern** Volumen. Tu. Es. Nicht.

// **Mehrere Koffer** oder Rucksäcke. Möchtest du ein Stück aufgeben, dann benutze einen Daypack als Handgepäck. Eventuell kannst du noch einen Jutebeutel oder eine kleine Tasche hinzunehmen, die man zusammenrollen kann. Aber bitte schlepp dich nicht mit zwei Koffern oder einem Koffer und einem gro-ßen Rucksack ab. Dein Rücken wird es dir danken.

// **Einen Föhn.** Wenn du nicht nach Sibirien oder in die Antarktis fährst, gibt es keinen Grund, nach dem Du-schen deine Haare zu föhnen.

// Eine **Zipp-off-Hose**. Zu Hause trägst du die doch auch nicht.

// **Mehr als drei Paar Schuhe.** Hast du Turn- oder Wanderschuhe, Espa-drilles und elegante Sandalen, mit denen du sowohl länger gehen als auch in ein Hotel hineinspazieren kannst? Top, den Rest kannst du da-heim lassen.

// **Eine Bauchtasche.** Verteil dein Bargeld lieber an verschiedenen Stellen in deinem Gepäck und ver-wende z. B. eine leere, saubere Fla-sche Sonnencreme als Portemonnaie oder um dein Handy am Strand zu verstecken.

// **Plastiktüten.** Die knistern fürch-terlich, damit wirst du dir in einem Schlafsaal keine Freunde machen. Entscheide dich lieber für Packwürfel oder Jutebeutel. Diese sind zudem nachhaltiger.

ROËLL DE RAM (29) ist Reisebloggerin und hat ein Buch übers Backpacken geschrieben. Nach ihrem Bachelor ging sie mit ihrem Freund für ein halbes Jahr auf Reisen durch die USA, Australien und Asien.
@wearetravellersnl | wearetravellers.nl

Wie sah eure Weltreise aus? »Wir kauften ein Weltticket und starteten in den USA. Von San Francisco aus machten wir mit dem Camper entlang der Westküste einen Roadtrip. Danach ging es über Hawaii nach Australien. Dort sind wir mit dem Bus von Sydney nach Cairns gefahren. Dann flogen wir nach Singapur und besuchten in Asien Malaysia, Japan, Indonesien, Vietnam, Kambodscha und Thailand.«

Warum wolltest du längere Zeit auf Reisen gehen? »Ich bin total reiseverrnarrt und hab nach dem Abi jedes Jahr eine große Reise unternommen. Als ich 22 war, wollte ich nach meinem Bachelor in Kommunikationswissenschaften nicht gleich mit dem Master weitermachen, sondern längere Zeit weg. Ich war unentschlossen, ob ich ein halbes Jahr im Ausland studieren oder

WIR WAREN
GERADE EIN JAHR
ZUSAMMEN UND
DACHTEN UNS:
»WIR PROBIEREN DAS.«

mit meinem Freund eine Weltreise machen sollte. Damals waren wir gerade ein Jahr zusammen. Wir haben darüber gesprochen und dachten uns: ›Wir probieren das einfach.‹«

War dir bang davor, zusammen zu reisen? »Ja, schon! Zum Glück teilten wir die Leidenschaft fürs Reisen, aber wir haben uns unterwegs erst richtig kennengelernt. Ab und zu haben wir gestritten, weil wir in mancher Hinsicht ziemlich verschieden sind. Aber es war vor allem eine Wahnsinnserfahrung, die wir miteinander teilten. Wir sind noch immer zusammen, insofern war das ein guter Test!«

Wie habt ihr gespart? »Während des Studiums hatte ich drei Tage die Woche als Webredakteurin gearbeitet, was gut bezahlt war. In Kombination mit der Studienförderung schaffte ich es, 10 000 Euro zu sparen. Mein Freund brachte denselben Betrag mit.«

Wie habt ihr unterwegs eure Ausgaben kontrolliert? »Wir hatten pro Land ausgerechnet, wie viel wir ungefähr ausgeben konnten, und hielten alles in einer Exceltabelle fest. Nicht jede Ausgabe, aber jedes Mal, wenn wir Geld abgehoben haben. Dann wussten wir: Mit dem Geld müssen wir so und so lange auskommen. Wir haben uns auch gut überlegt, wofür wir Geld ausgeben, und waren letztlich so sparsam, dass wir bei unserer Rückkehr noch 2 000 Euro hatten.«

Wie habt ihr für eure sechsmonatige Reise gepackt? »Ich wusste schon von früheren Backpackertrips, dass man nicht viel braucht. Oft hat man letztlich drei Outfits, die man die ganze Reise über anhat. Für unsere Weltreise habe ich alles, was ich mitnehmen wollte, aufs Bett gelegt. Dann stopfte ich alles in den Rucksack und holte manches wieder heraus. Das habe ich so lange wiederholt, bis alles gut reinpasste und mein Rucksack nicht zu schwer war. Ich hatte einen Rucksack mit 65 Litern und mein Freund einen etwas größeren. Ansonsten hatten wir beide noch einen Daypack dabei, das war's.«

Ihr seid innerhalb relativer kurzer Zeit viel umhergereist. Wie kamst du mit eurem Reisetempo klar? »Wir sind in ziemlich hohem Tempo gereist und im Nachhinein betrachtet hätten wir besser weniger Ziele abklappern sollen. Meistens sind wir nach zwei, drei Tagen an einem Ort wieder weitergezogen – um Ruhe zu finden, hätte ich ein paar mehr Tage an einem Ort besser gefunden.«

War es schwierig, anzukommen, als ihr zurück wart? »Ich musste mich wirklich erst an zu Hause gewöhnen. Ich hatte ein halbes Jahr aus dem Koffer gelebt, wodurch mir bewusst geworden war, wie wenig ich brauche. Als ich zurück in den Niederlanden war, fand ich das Leben dort materialistisch. Ich fing direkt nach meiner Rückkehr meinen Master an und jobbte 24 Stunden pro Woche bei einer großen Firma, das war ein ziemlich krasser Wechsel – einen Monat zuvor war ich noch in Slippern und immer demselben Outfit herumgelaufen. Es hat ein paar Monate gedauert, bis ich wieder geerdet war.«

Was hat dir die Weltreise gebracht? »Ich hatte lange Zeit vor Augen gehabt, dass ich mal in einer großen Firma arbeiten würde, aber die Reise hat mir gezeigt, dass ich meine Freiheit sehr schätze und auch gerne kreativ arbeiten möchte. Ein Jahr nach meiner Rückkehr von der Weltreise habe ich den Reiseblog We Are Travellers gegründet. Ich bin so froh, dass ich diese Reise gemacht habe. Das möchte ich auch allen anderen mitgeben: Wenn du reisen willst, dann beginne direkt mit der Planung und tu es einfach! Du kannst jederzeit wieder nach Hause zurückkommen, falls etwas passiert oder es dir doch nicht gefällt. Und wenn du niemanden findest, der mitkommt, dann lass dich davon nicht abhalten.«

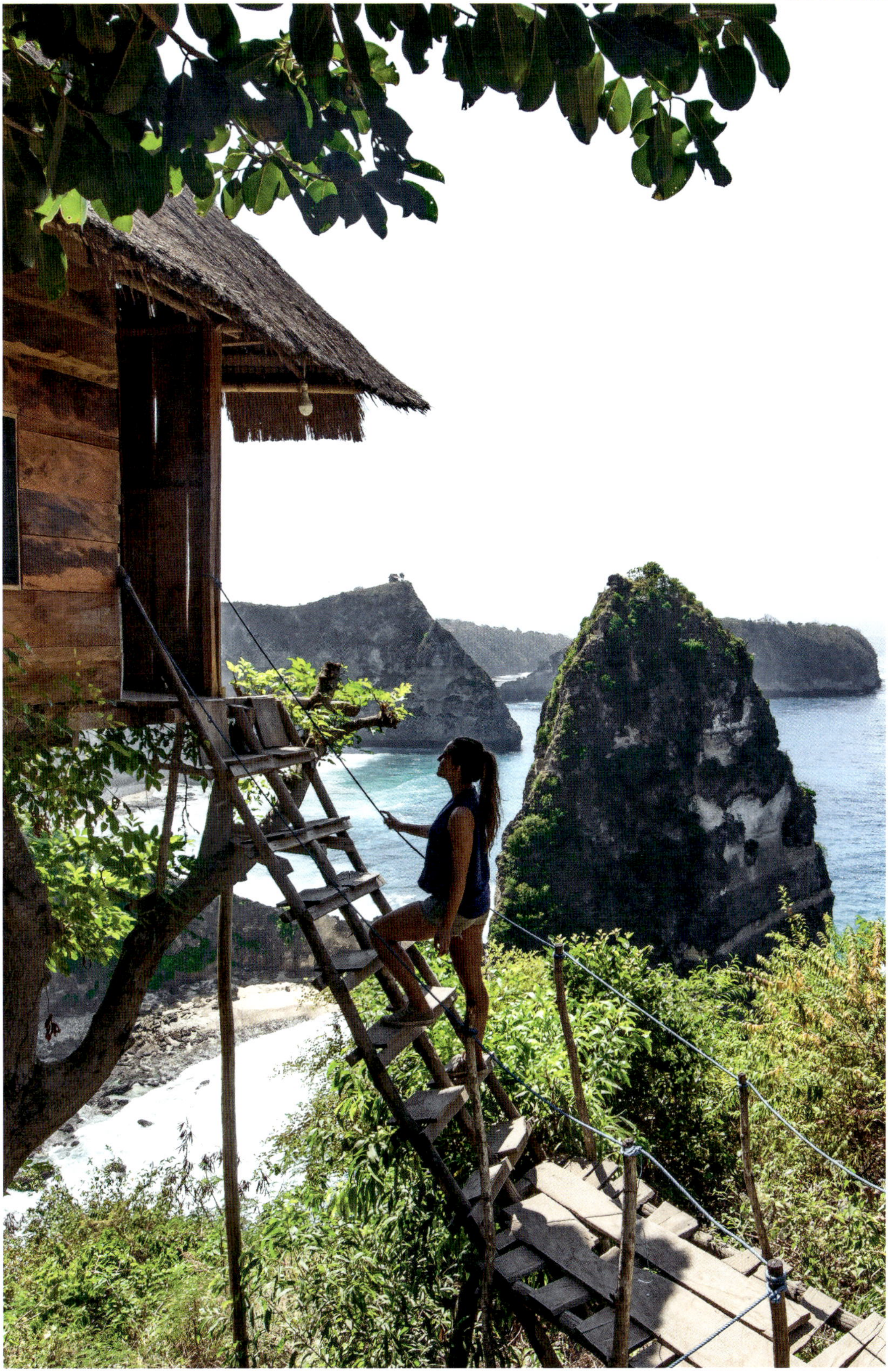

TEIL 4

REISEN & WIEDER HEIMKOMMEN

KAPITEL 15
HERAUSFORDERUNGEN AUF DER REISE

Endlich ist es so weit! Du sitzt im Flugzeug, alles ist geregelt, dein Konto ist gefüllt, dein Koffer oder dein Rucksack ist optimal gepackt – deiner Reise steht nichts mehr im Weg. Aber anstatt dich zu freuen, fühlst du dich eher leer oder sogar traurig. War das wirklich eine gute Entscheidung? Willst du das durchziehen? Atme tief ein, denn diese Gefühle hat beinahe jeder Weltreisende zu Beginn, aber zum Glück halten sie nicht lange an. In diesem Kapitel behandeln wir die Herausforderungen, denen man auf einer langen Reise begegnet.

KULTURSCHOCK & AKKLIMATISIEREN

Viele Reisende, die ich für dieses Buch interviewte, berichteten von derselben Erfahrung bei der Ankunft am Reiseziel: Orientierungslosigkeit, Niedergeschlagenheit. Selbst wenn man bereits einen Schlafplatz organisiert hat und sich nicht mit Taxifahrern herumärgern muss, die einen abzocken, kann man sich in den ersten Tagen ziemlich verloren fühlen. Das ist nicht verwunderlich: Du hast einen Abschied hinter dir, deine vertraute Umgebung zurückgelassen und bist an einem Ort gelandet, an dem du niemanden kennst. Rechnet man dann noch den Kulturschock mit ein, ist es völlig begreiflich, dass du dich verloren fühlst.

Es kann helfen, diese Gefühle zu akzeptieren und sich nicht schuldig zu fühlen, nur weil man nicht so glücklich ist, wie gedacht. Geh die ersten Tage ruhig an und schlaf dich aus. Zieh dich zurück, lies ein Buch, schau einen Film oder such den Kontakt zu Menschen, wenn dir das Energie spendet. Die Wahrscheinlichkeit ist groß, dass deine Mitreisenden im Hostel genau wissen, wie du dich fühlst. Sich die Sorgen von der Seele zu reden, hilft bereits enorm. Gewöhn dich langsam an den Lebensrhythmus vor Ort, indem du zur selben Zeit wie die Locals isst. Beim Spazierengehen kannst du dich mit den fremden Gerüchen und Geräuschen vertraut machen und wirst dich bald besser fühlen.

EINSAMKEIT & HEIMWEH

Bist du allein unterwegs, wirst du sehen, wie leicht du neue Freunde findest. Vor Einsamkeit musst du dich nicht fürchten. Möchtest du Menschen kennenlernen, sind Hostels ein guter Anlaufpunkt. Oft organisieren diese Aktivitäten wie Kneipentouren oder Filmabende, für die du dich anmelden kannst. So lernst du schnell neue Leute kennen, die auch allein reisen. Selbst wenn du nicht in einem Hostel übernachtest, kannst du dich gegen eine kleine Anmeldegebühr für diese Aktivitäten einschreiben. Zudem werden in jeder Stadt kostenlose Stadtführungen angeboten, auch das ist eine tolle Gelegenheit, um Kontakte zu knüpfen. Du kannst auch an Aktionen wie einem Beach Cleanup teilnehmen. Fällt es dir schwer, Fremde anzusprechen, kannst du nach Facebookgruppen für Reisende an dem betreffenden Ort suchen und einen Aufruf starten, ob jemand Lust hat, an einem Ausflug oder einer Tour teilzunehmen. Du musst dich vielleicht überwinden, etwas mit Wildfremden zu unternehmen, aber glaub mir, es lohnt sich: Dich erwarten viele nette Bekanntschaften.

Bei Heimweh kann es helfen, deine Familie oder Freunde anzurufen. Auch das Schreiben einer Ansichtskarte kann ein Mittel sein, dich mit deinem Zuhause verbunden zu fühlen. Bleibst du für längere Zeit an einem Ort, kannst du recherchieren, ob es in der Nähe Landsleute von dir gibt (etwa über entsprechende Facebookgruppen). Du wirst erstaunt sein, wo du überall auf Expats triffst. Bei akutem Heimweh kann es sehr helfen, mal wieder die eigene Sprache zu hören und sich darüber auszutauschen, wie sehr ihr gutes Brot vermisst.

PHYSISCHE & PSYCHISCHE GESUNDHEIT

Nichts ist so schlimm, wie unterwegs krank zu werden. Es gibt aber Tipps, wie man dem vorbeugen kann (siehe Infobox auf Seite 96 über Lebensmittelvergiftung). Wenn du monatelang auf Achse bist, ist es aber nahezu unvermeidbar. Bist du krank, dann bleib möglichst an einem Ort und sag alle Aktivitäten für die nächsten Tage ab. Wenn du normalerweise in Schlafsälen übernachtest, dann buche nun ein Privatzimmer mit Bad. Hier kannst du mit Sicherheit besser schlafen, dich ausruhen und bei Reisedurchfall ist ein eigenes Bad Gold wert. Trink viel Wasser oder Tee und beschränke dich auf »sicheres« Essen wie Bananen, gekochten Reis mit Brühe oder einer

AUF LANGEN REISEN IST ES WICHTIG, AUF DEIN PSYCHISCHES WOHLERGEHEN ZU ACHTEN

salzigen Sauce (Ketchup funktioniert auch). Gönn dir vor allem Ruhe. Bleib einfach schön im Bett liegen, hör einen Podcast oder skype mit deinen Leuten zu Hause. Hast du hohes Fieber und musst dich länger als einen Tag übergeben oder fühlst du dich anderweitig nicht gut, dann nimm Kontakt mit deiner Reise- oder Krankenversicherung auf und suche eine Arztpraxis oder ein Krankenhaus auf.

Auf langen Reisen ist es auch sehr wichtig, immer auf dein psychisches Wohlergehen zu achten. Machst du eine Weltreise und merkst, dass du »tempelmüde« bist – alle Sehenswürdigkeiten sehen gleich aus und selbst die schönste Pagode begeistert dich nicht mehr –, dann reise an einen Ort, wo du gern eine Zeit lang Rast einlegen möchtest und bleibe dort. Wenn du an einem Ort wohnst, einkaufst, dein eigenes Essen kochst, ein Lieblingscafé findest und nicht jeden Tag mit anderen Reisenden über deine Pläne reden musst, kannst du neue Energie tanken und den Ort genießen wie ein Local. Hast du genug neue Kraft geschöpft, kannst du weiterziehen.

Es ist wichtig, dass du auf dein Gefühl hörst, wenn du dich nicht wohlfühlst, selbst wenn es dafür keinen Grund gibt. Du musst dich niemandem erklären. Gib dir einen Moment, aber wenn es nicht besser wird, dann reise an einen neuen Ort oder kehr zu einem zurück, an dem du dich wohlgefühlt hast. Es gibt keinen Grund, irgendwo zu bleiben, wo es dir nicht behagt. Und wenn du das Reisen ganz satt hast, kannst du jederzeit nach Hause zurückfliegen. Auch daran ist überhaupt nichts verkehrt!

DAS BUDGET IM BLICK BEHALTEN

Merkst du auf deiner Reise, dass dein Budget schneller schwindet als geplant, verfall nicht gleich in Panik. Notiere deine Ausgaben ein paar Tage lang und prüfe, wofür das meiste Geld draufgeht. Kannst du irgendwo Geld einsparen? Wenn die Übernachtungen am meisten zu Buche schlagen, entscheide dich eine Zeit lang für günstigere Schlafsäle in einem Hostel oder einen Homestay. Du kannst auch Couchsurfing oder WWOOFen ausprobieren, um vorübergehend gar kein Geld für Übernachtungen auszugeben, oder du fragst bei deinem Hostel, ob du gegen Kost und Logis ein paar Stunden an der Rezeption arbeiten kannst. Geht dein Geld vor allem für Essen und Trinken drauf, dann koch öfter selbst oder geh in Restaurants außerhalb der Touristenzentren und verzichte mal eine Woche auf Alkohol. Gibst du zu viel für den Transport aus, dann bleib länger an einem Ort. Sind die Aktivitäten der größte Kostenfaktor, dann triff eine Auswahl, welche Sehenswürdigkeiten du wirklich nicht missen möchtest und welche du eventuell auslassen kannst. Such dir außerdem Gratis-Aktivitäten vor Ort: Einen Tag am Strand chillen und wandern kosten nichts.

Hast du Maßnahmen ergriffen und trotzdem das Gefühl, dass dein Budget nicht ausreicht, dann geh noch mal kritisch deine Reisepläne für die restlichen Wochen durch. Überspring teure Reiseziele und fahr stattdessen in ein günstigeres Land. Willst du das nicht, dann schau, ob du deinen Aufenthalt in einem teureren Land verkürzen oder eine Zeit lang arbeiten kannst. Wenn alle Stricke reißen, kannst du immer noch früher nach Hause zurückfahren. Lieber etwas kürzer in der Form reisen, wie es dir behagt, als zu viele Kompromisse eingehen, mit denen du nicht glücklich bist, nur um die geplante Reisedauer einzuhalten.

AUF SEITE 202 FINDEST DU EINE LISTE MIT PRAKTISCHEN WEBSITES.

ALS FRAU
ALLEINE REISEN

Als Frau eine Soloreise zu unternehmen, erfordert Vorsicht, kann aber überall auf der Welt eine fantastische Erfahrung sein. Mit diesen Tipps und Tricks begegnest du brenzligen Situationen.

// **Trag einen schlichten Ring**, der als Ehering durchgeht. Bei Fragen wie »Wo ist dein Mann?« oder »Du reist ganz allein?« kannst du jederzeit sagen, dass dein Gatte krank ist und im Hotelzimmer auf dich wartet oder dich bald besuchen kommt.

// Lass **deinen Schmuck** daheim und lauf nicht auffällig mit teurer Kamera oder Handy herum.

// Lauf immer so durch die Straßen, **als ob du dich total auskennst**: mit erhobenem Kopf.

// **Sei vorsichtig mit Alkohol** und Drogen, vor allem, wenn du irgendwo bist, wo du niemanden kennst. Dieser Tipp gilt auch, wenn du nicht allein reist!

// Kleide dich in Regionen wie dem Nahen Osten **nicht zu freizügig**: Bedecke deine Schultern und deine Beine bis zu den Knöcheln. Eine Leinenhose mit einem luftigen Shirt oder ein langer Rock kombiniert mit einem Schal sind mein Standardoutfit.

// Gibt es in dem Land **Uber**, ist das oft eine bessere Option als ein Taxi. Nimmst du doch ein Taxi, dann leg dein Gepäck neben dich auf die Rückbank, damit du schnell mitsamt deinem Hab und Gut aussteigen kannst, falls du dich nicht sicher fühlst.

// **Wähle jemanden zu Hause aus**, den du über deine Reiseroute und etwaige Änderungen auf dem Laufenden hältst.

// **Folge immer deinem Instinkt.** Fühlst du dich unsicher, obwohl es keinen ersichtlichen Grund gibt? Mach schnell, dass du wegkommst. Sorg dich nicht darum, unhöflich zu wirken, deine Sicherheit geht vor.

// **Genieße es!** Allein reisen ist eine herrliche Erfahrung, weil du dich mit niemandem absprechen musst und jeden Tag genau das tun kannst, worauf du Lust hast.

DAAN NEDERHOED (27) ist Buchhalter, Reisen ist sein größtes Hobby. Nach dem Bachelor hat er ein Auslandsjahr eingelegt und ist nach Tansania, Nordeuropa und Südamerika gereist. **@daannederhoed**

Wie sah dein Auslandsjahr aus? »Ich startete mit einem Monat Freiwilligenarbeit in Tansania und wollte danach zusammen mit Mathijs, einem guten Freund, mehrere Monate reisen. Da er aber doch länger an seiner Abschlussarbeit saß, habe ich erst mal wieder bei meinem Vater in der Metzgerei gearbeitet und danach beschlossen, einen Monat allein durch Nordeuropa zu reisen. Anschließend bin ich dann mit Mathijs zweieinhalb Monate lang durch Südamerika getingelt.«

Warum wolltest du ein Auslandsjahr machen? »Ich war 21 und wollte mir nach meinem Bachelor in Buchhaltung ein Jahr Auszeit nehmen, um darüber nachzudenken, was ich später mal machen will. Ich wusste, dass ich einen Pre-Master und einen Master machen wollte, aber welchen genau, da war ich mir noch unschlüssig.«

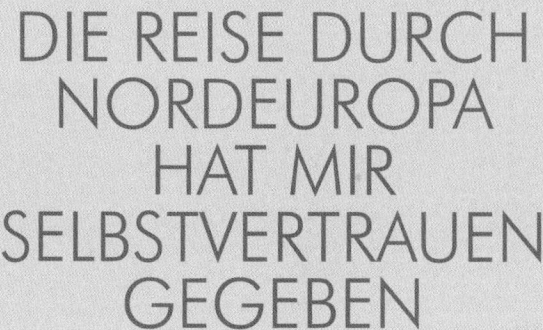

DIE REISE DURCH NORDEUROPA HAT MIR SELBSTVERTRAUEN GEGEBEN

Wie sah deine Route durch Nordeuropa aus? »Gestartet bin ich in Tallinn und hab von dort eine Fähre nach Helsinki genommen. Über die Ålandinseln bin ich nach Stockholm weitergereist. Danach habe ich mir Oslo und Kopenhagen angeschaut und bin über Hamburg wieder nach Hause gefahren. Ich war so viel wie möglich mit der Fähre, dem Bus oder dem Zug unterwegs und habe in Hostels übernachtet. Es war das erste Mal, dass ich alleine auf Reisen war, und ich fand es super. Ich habe so viel gelernt, zum Beispiel dass man einfach auf Menschen zugehen kann, um neue Leute kennenzulernen. Aber auch, dass man nicht unbedingt jemand anderen braucht, um zu reisen und Spaß zu haben. Die Reise durch Nordeuropa hat mir viel Selbstvertrauen gegeben.«

Und dann bist du wieder arbeiten gegangen? »Ja, ich fand es gut, immer abzuwechseln zwischen Reisen und Arbeiten. Ich habe dann so viele Stunden wie möglich geschoben, bis ich genug Geld für den nächsten Trip zusammenhatte, und musste mir keine Sorgen machen, dass ich meinen Pre-Master mit Schulden beginnen würde.«

Wie sah eure Reise durch Südamerika aus? »Wir sind in Ecuador losgefahren und dann nach Peru und über Cusco und Machu Picchu an den Titicacasee gereist. Danach ging es weiter nach Bolivien, Chile, Argentinien und Paraguay und über die Iguazu-Wasserfälle nach Brasilien, wo wir unsere Reise in Rio beendet haben.«

Wie war es, zusammen mit einem Freund zu reisen? »Super! Wir hatten vorher verabredet, dass wir, falls einer von uns etwas machen will, auf das der andere keine Lust hat, uns aufsplitten würden. Als Mathijs in Bolivien einen Tag Ski fahren wollte, habe ich mir eine Stadt angeguckt. Er ist etwas sparsamer und wählte manchmal die günstigste Option, während ich mich eher für Annehmlichkeiten entschied. Das war auch kein Problem, wir haben uns gegenseitig unsere Freiheiten gelassen. So sind wir auch als gute Freunde wieder zurückgekommen!«

Nach deinem Auslandsjahr bist du noch öfter gereist. Vor einigen Jahren hast du dich geoutet, inwiefern hat sich das auf deine Reisen ausgewirkt? »Nun, da ich einen Freund habe und wir viel zusammen reisen, schaue ich mir die Länder genau an, die wir anzielen. Nicht dass ich Länder meide, wo Homosexualität strafbar ist, aber ich bin mir dessen bewusster. Wenn wir zusammen reisen, informieren wir uns vorher gut, um keine Risiken einzugehen. Man kann als Niederländer einfach nicht einschätzen, wie die Leute in anderen Ländern darüber denken. Auf jeden Fall halten wir uns lieber nicht allzu lange in Ländern auf, wo Homosexualität strafbar ist. Wenn es ein Nachbarland gibt, in dem das toleriert wird, fahren wir lieber dorthin. Ich bin jedes Mal froh, wieder in die Niederlande zurückzukommen, aber Reisen bleibt meine große Leidenschaft, davon lasse ich mich nicht abhalten. Diesen Sommer fahre ich mit meinem Freund wieder einen Monat nach Südamerika.«

Hast du einen Tipp für die Leser? »Falls du ein wenig Bammel hast, allein zu reisen, probiere es erst einmal für kurze Zeit aus und entscheide dich für eher nahe Länder, so wie ich damals mit Nordeuropa. Das hat den Vorteil, dass du jederzeit problemlos wieder nach Hause kannst. Dieses Wissen hat mich damals sehr beruhigt.«

KAPITEL 16
DEINE ABENTEUER FESTHALTEN

Auf Reisen erlebst du jeden Tag neue Abenteuer und triffst immer wieder interessante Locals und Mitreisende. Ein Tagebuch zu führen, ist wohl das Letzte, woran du bei einer Rundreise oder beim Insel-Hopping denkst, trotzdem ist es eine gute Idee, um deine Erlebnisse festzuhalten. In einem oder zwei Jahren weißt du nämlich nicht mehr, was genau du jeden Tag unternommen und wen du getroffen hast – und bleibende Erinnerungen sind eine echte Bereicherung. Auch wenn du länger an einem Ort bleibst. Während meines Erasmusaustauschs habe ich nichts festgehalten, was ich jetzt, zehn Jahre später, bereue. Während meines Praktikums in New York habe ich dann Tagebuch geführt und darin lese ich noch heute gerne. Mittlerweile mache ich mir bei meinen Reisen ständig Notizen, um Reportagen schreiben zu können, aber auch um festzuhalten, wo genau ich gewesen bin und wen ich getroffen habe.

TEIL DEINE ERLEBNISSE MIT DEN LEUTEN ZU HAUSE

Kannst du mit einem Tagebuch, das du nur für dich führst, nichts anfangen, dann dokumentiere deine Reise zumindest für deine Leute daheim. Eltern, Freunde und Verwandte freuen sich bestimmt, regelmäßig Updates von deinen Abenteuern zu bekommen und Fotos von den Orten zu sehen, die du besucht hast. Blogger, Tumblr und Wordpress sind die bekanntesten Plattformen zum Einrichten eines Reiseblogs, aber inzwischen gibt es Dutzende, wenn nicht gar Hunderte Websites und Apps, die dir die Möglichkeit bieten, deine Reise online zu dokumentieren. PolarSteps ist zum Beispiel eine coole App, mit der du deine Route ganz einfach tracken kannst. Für jedes Reiseziel kannst du Fotos und eine Geschichte hinzufügen und mit deinen Lieben teilen.

GERADE DIE ALLTAGSSZENEN GEBEN TOLLE FOTOMOTIVE AB

SCHREIBEN ODER FOTOGRAFIEREN?

Entscheide dich für etwas, mit dem du dich wohlfühlst. Schreibst du gern, kannst du Tagebuch führen: im Notizbuch, auf dem Laptop oder in der Memo-Funktion des Handys. Bist du der visuelle Typ, dann nimm einen Zeichenblock mit oder mach jeden Tag ein Foto und bewahre dieses in einem separaten Ordner auf deinem Handy auf. So kreierst du ein visuelles Tagebuch. Facebook und Instagram sind natürlich auch praktisch, um deine Fotos zu sammeln, aber für die sozialen Medien wählt man ja doch nur die schönsten aus. An sich ist daran nichts verkehrt, aber auf Reisen ist es gerade schön, auch die Alltagsszenen festzuhalten. Ein Verkehrsschild, dein Zimmer voller Gepäck, ein belebter Platz, wo du auf der Terrasse gesessen hast. Auch die Sachen, die du ganz und gar nicht schön fandest, wie der Bahnhof, wo du stundenlang vergeblich im Regen auf einen Zug gewartet hast, oder eine grässliche Flugzeugmahlzeit, sind gute Fotomotive. Diese Fotos schaut man nämlich letztlich am liebsten an, weil sie dir einen Moment in Erinnerung rufen, den du vielleicht schon längst vergessen hast. Selfies und #instalife-Schnappschüsse sind auch schön, aber du solltest nicht nur mit gelikten Bildern heimkehren.

BLOGGEN, VLOGGEN & REISEREPORTAGEN SCHREIBEN

Hast du Ambitionen, mit deinen Reiseberichten ein größeres Publikum zu erreichen, gibt es verschieden Kanäle dafür. Instagram ist wie ein digitales Portfolio: Hier kannst du zeigen, wer du bist und was du machst. Knippst du gerne Fotos, dann nimm ein gutes Smartphone mit oder investiere in eine Kamera. Online findest du viele Tipps zum Thema Reisefotografie; probiere sie aus, baue während der Reise deine Fotoskills aus und entwickle deinen eigenen Stil. Interessierst du dich eher fürs Filmen, gilt dasselbe:

Auf YouTube findest du viele Reisevideos und Tutorials, in denen du lernst, wie man einen Reisevlog erstellt. Ein eigener YouTube-Kanal kostet nichts, und mehr als ein Smartphone und ein einfaches Bearbeitungsprogramm brauchst du dafür nicht. Ist Texten hingegen mehr dein Ding, dann erstell einen eigenen Blog oder versuche, deine Reisereportagen an Zeitschriften und Websites zu verkaufen.

Beim Schreiben für ein breites Publikum ist es wichtig, im Hinterkopf zu behalten, dass die Leser nicht an dir, sondern an deinem Reiseziel interessiert sind. Gib Tipps, von denen sie wirklich profitieren, und versuch die Atmosphäre von Land und Leuten einzufangen. Bei Fotos und Videos kannst du mehr von dir einbringen, aber auch hier solltest du dich immer fragen: ›Was kann ich meinen Zuschauern bieten? Wieso sollten sie mir folgen?‹ Einen eigenen Stil zu entwickeln, ist nicht leicht, aber auch hier gilt Learning by Doing. Auf Reisen hast du auf jeden Fall genug Material, insofern viel Spaß!

187

REISENDE VOR DEINER ZEIT

Reiseberichte gab es zu allen Zeiten. Hast du Interesse zu erfahren, wie Reisen früher ablief, dann bist du bei diesen Entdeckungsreisenden genau richtig.

// Herodot: der älteste Reiseschriftsteller (um 440 v. Chr.)
// Marco Polo: *Il Milione. Die Wunder der Welt* ist legendär (um 1300).
// Mark Twain: Neben seinen Romanen schrieb er auch humorvolle Reiseberichte (Ende 19. Jh.).

// Alexandra David-Néel: Die französische Forschungsreisende schrieb fantastische Reisebücher (Beginn 20. Jh.).
// Tony und Maureen Wheeler: *Across Asia on the Cheap* war das erste Buch der Gründer von Lonely Planet (1973).

LAURA COOLEN (31) ist Reisebloggerin und Visual Story-teller. Während ihres Studiums reiste sie nach Südafrika.
@whatabouther_nl | whatabouther.nl

Warum Südafrika? »An der Hotelfachschule, an der ich studierte, gab es die Möglichkeit, ein Semester in Südafrika zu absolvieren. Eine einmalige Chance, zumal ich noch nie außerhalb Europas gewesen war und das Land und vor allem die Tiere total spannend fand. Damals war ich gerade 20 und hatte vorher schon mal auf Kreta gewohnt und in London gearbeitet, insofern ließ ich mir diese Möglichkeit, wieder ins Ausland zu reisen, nicht entgehen!«

Was hast du dort gemacht? »Ich habe am Ostkap studiert. Zuerst Lodge Management, wo ich lernte, was man beim Betreiben einer Lodge in einem Reservat beachten muss, und danach Wildlife Management. Dafür wohnte ich direkt neben einem Safaripark mitten im Nirgendwo und hab jeden Tag mit Tieren gearbeitet. Vormittags durfte ich oft mit einem Ranger mit ins Wildreservat und nachmittags bekam ich Unterricht. Es war echt der Wahnsinn – die Geparden liefen direkt an unserer Tür vorbei! Zwischendrin habe ich noch bei einem Freiwilligenprojekt teilgenommen und nach dem Semester eine Rundreise gemacht.«

ICH FINDE ES WAHNSINNIG SCHÖN, MEINE GESCHICHTEN JEDERZEIT NACHLESEN ZU KÖNNEN

Wie hoch war dein Budget? »Ich musste etwa 3 000 Euro Studiengebühren zahlen. Insgesamt hat mich die Reise rund 6 000 Euro gekostet. Ich hatte im Vorfeld nicht wirklich gespart, insofern habe ich die Studienförderung genutzt und mir noch Geld von meinen Eltern geliehen. Dadurch konnte ich alles machen, worauf ich Lust hatte, und hab jedes Wochenende zusammen mit Freunden Ausflüge unternommen, um das Land zu erkunden. Bungeejumpen, surfen, ein Auto mieten – das war es mir wert. Schulden nehme ich dafür liebend gern in Kauf.«

War es ein Kulturschock? »Ja, ziemlich. Ich war jung, noch im Studium und wusste eigentlich nicht viel über die Geschichte Südafrikas. Erst als ich dort war, habe ich viel über das Thema Apartheid erfahren. Mein Freiwilligenprojekt war sogar in einem Township, das war eine heftige Erfahrung. Während meines Studiums habe ich mitten auf dem Campus zwischen den einheimischen Studierenden gewohnt und dort zum Glück schnell Freunde gefunden. Obwohl das Land so zerrissen ist, sind die Menschen unheimlich positiv, offen und gastfreundlich gewesen. Ich habe richtig gute Gespräche mit Leuten geführt und die Kultur kennenlernen dürfen. Von der Wüste bis zum Urwald, vom Ozean zur Savanne – es ist so ein vielseitiges Land. Und die Tiere! An meinem zweiten Tag fuhren wir mit einem Lehrer in einem Kleinbus umher, und ich durfte aussteigen, um ein Foto von einer Giraffe zu machen, die ganz in meiner Nähe stand. Das war die erste von unglaublich vielen ganz besonderen Begegnungen.«

Hast du damals schon gebloggt? »Ja, damit hatte ich bereits begonnen, als ich mit 16 nach Kreta ging. Zuerst waren es einfach Berichte für meine Freunde und Familie zu Hause, erst später hat sich dann daraus ein Reiseblog entwickelt. Texte schreiben, Fotos machen, das hat mir Spaß gemacht. Meine Familie hat auf jeden meiner Blogeinträge aus Südafrika reagiert, diese Nachrichten habe ich immer noch. Unter anderem auch von meiner Mutter, die mittlerweile leider verstorben ist. Das ist so wertvoll. Ich finde es auch wahnsinnig schön, die Geschichten, die ich damals aufschrieb, jederzeit nachlesen zu können. Da kann man herauslesen, dass ich auf dieser Reise erwachsen geworden bin.«

Dein Reiseblog ist danach enorm gewachsen. »Das war etwas Besonderes, dass Menschen, die ich nicht kannte, mitlasen. Erst viel später, 2012, wurde mir klar, dass *What About Her* echt groß geworden war und ich damit etwas erreichen konnte. Dass ich auch andere inspirierte, ihre Träume wahr werden zu lassen, auf Reisen zu gehen, ein Praktikum im Ausland zu machen. In der Zeit kamen Reiseblogs auch erstmals groß raus.«

Du bist inzwischen viermal so lange im Ausland gewesen. Was gefällt dir daran so gut? »Es ist so eine besondere Erfahrung zu erleben, wie schnell ein fremdes Land zum Zuhause wird. Man wird auch selbstständiger, lernt die eigenen Grenzen kennen. Das ist lehrreich. Ich war zwar noch Studentin und hatte kein Geld, habe es aber trotzdem gemacht. Inzwischen habe ich die halbe Welt gesehen, aber Südafrika bleibt für immer mein zweites Zuhause, da besteht eine ganz tiefe Verbindung. Seither war ich noch zweimal da, und dieses Jahr fahre ich wieder hin!«

KAPITEL 17
NACH HAUSE KOMMEN ODER WEITERREISEN?

Es wird Zeit, heimzufahren. Die letzten Wochen sind wie im Flug vergangen, du hast dich von deinen neuen Freunden verabschiedet, das letzte Mal dein Lieblingscafé besucht, deinen Rucksack voller Souvenirs mit Ach und Krach gerade so zugekriegt und nun wird es ernst. Die Heimreise steht an. Du freust dich riesig darauf, deine Liebsten wiederzusehen, durch deine Heimatstadt zu radeln, beim Supermarkt um die Ecke einzukaufen und vor allem: wieder in deinem eigenen Bett zu schlafen. Aber das Zurückkommen kann auch schwerfallen. In diesem letzten Kapitel gehen wir auf das Phänomen des Reverse Culture Shock ein und auf die Möglichkeit, mit Reisen den Lebensunterhalt zu verdienen.

REVERSE CULTURE SHOCK

Die ersten Tage verbringst du vermutlich in einer Art Rausch. Du bist froh, wieder zu Hause zu sein und deine Familie wiederzusehen. Aber nach ein paar Tagen oder Wochen merkst du, dass es dir schwerfällt, dich an das Leben daheim zu gewöhnen. Du ärgerst dich über das Wetter, die Menschen, den Verkehr. Du fühlst dich fehl am Platz, und es scheint, als ob niemand dich versteht. Du hast dich verändert, aber zu Hause ist alles beim Alten geblieben. Diese Gefühle stellen sich häufig nach einer längeren Reise ein und haben sogar einen eigenen Namen: Reverse Culture Shock. Eine Art umgekehrtes Heimweh, bei dem man Sehnsucht nach dem Leben auf Reisen hat. Das ist völlig normal und kann eine Weile anhalten, aber es gibt Wege, dieses Fernweh zu lindern.

Akzeptiere, dass diese Gefühle da sind und es Zeit braucht, dich einzuleben. Igel dich nicht ein, sondern geh vor die Tür und mach all die Dinge, die du früher gern gemacht hast. Spazieren gehen, Fahrrad fahren und Sport sind immer gut für die Endorphinausschüttung. Verbringe zudem möglichst viel Zeit an der Sonne. Wenn du in deiner Stadt oder deinem Dorf unglücklich bist, mach Ausflüge in die Natur. Es hilft nicht, dein Heimatland mit anderen Orten zu vergleichen. Versuch dir vor Augen zu führen, welche Dinge hier vielleicht besser organisiert sind.

Deine Familie und Freunde wollen dich sicher treffen und versuchen dir zu helfen, können sich aber nicht in deine Lage hineinversetzen. Triff dich mit Leuten, die wissen, wie du dich fühlst: Freunde, die schon länger verreist waren oder Bekannte auf Instagram oder in Facebookgruppen, die auch unter Fernweh leiden. Tausch dich per Skype, Facetime oder WhatsApp mit den Freunden aus, die du im Ausland kennengelernt hast, und erzähl ihnen von deinem Frust. Vermutlich geht es ihnen genauso. Ein kleiner Trost: Mit der Zeit wird es besser.

NIE MEHR NACH HAUSE

Dennoch kann es sein, dass dir auf deiner Reise klar geworden ist, dass du lieber im Ausland wohnen willst. Oder dass du das Reisen so toll findest, dass du es eigentlich immer machen willst. Dieses Gefühl geht auch nach einem halben oder ganzen Jahr nicht weg und es gelingt dir einfach nicht, dich wieder einzuleben? Dann hast du es vielleicht weniger mit einem Reverse Culture Shock zu tun und bist vielmehr jemand, der emigrieren oder auf unbestimmte Zeit verreisen will.

Zum Glück bist du nicht allein mit diesem Gefühl und hast momentan sogar die Chance, vom Reisen zu leben. Hast du dich in ein ganz bestimmtes Land oder eine Kultur verliebt, prüfe die Möglichkeiten für Expats vor Ort. Überall auf der Welt gibt es Firmen, die für unterschiedlichste Stellenprofile nach Leuten aus der ganzen Welt suchen. Online findest du jede Menge Infos dazu. Emigrieren ist nichts, was man einfach mal so macht, aber mit einem europäischen Pass ist es deutlich leichter als für viele andere Menschen.

Hast du einen Job, bei dem du nicht an einen Ort gebunden bist, kannst du dich auch mit dem Konzept des digitalen Nomaden beschäftigen. Dabei kannst du weiterhin für deinen Arbeitgeber oder Auftraggeber arbeiten, nur eben vom Ausland aus. Eigentlich eignen sich dafür alle Tätigkeiten, bei denen du nur einen Laptop und eine Internetverbindung brauchst, aber es gibt auch bestimmte Berufe, die besonders zu diesem Konzept passen: etwa VA (Virtual Assistant), Social-Media-Manager, Web- oder App-Entwickler, Blogger, Vlogger oder Texter.

Im Prinzip kannst du mit einem Touristenvisum überall auf der Welt eine Zeit lang wohnen, solange dein Arbeitgeber in deinem Heimatland sitzt. Es lohnt sich aber, sich anzuschauen, wo dein Einkommen mehr wert ist. So kannst du in manchen Regionen Asiens oder Südamerikas mit einem bescheidenen Gehalt ziemlich komfortabel leben. Als digitaler Nomade ist es auch möglich, eine Rundreise mit Arbeiten zu kombinieren. Weltweit gibt es inzwischen Hunderte Orte, die zum Zentrum für digitale Nomaden geworden sind, sogenannte Hubs. Das sind oft malerische und bezahlbare Städte oder Dörfer mit einer guten WLAN-Verbindung, in denen du auf viele andere digitale Nomaden triffst: etwa Kapstadt, Canggu, Chiang Mai, Medellín und Lissabon.

Hast du noch nicht viel Arbeitserfahrung oder keinen Beruf, den du aus der Ferne ausüben kannst, dann gibt es eine Reihe typischer Jobs für Reisende, die man länger machen kann. Einige Beispiele dafür wurden bereits genannt: Das sind Jobs auf einer Megajacht, als Au-pair, Skilehrer, Tauchlehrer, Reiseführer oder, wenn du eine Karriere in der Gastro und Hotellerie anstrebst, als Lodge- oder Hotelmanager. Es stehen dir unendlich viele Möglichkeiten offen.

LINEKE FELIX (29) ist Vollzeit-Weltreisende und arbeitet momentan auf einer Megajacht in Italien. Sie reiste 2015 nach Australien und Neuseeland. **@linekefelix**

Warum Ozeanien? »Als ich 21 war, habe ich für ein Praktikum ein Jahr lang in Australien gelebt und mich in das Land verliebt. Ich wollte gern wieder hin, aber da ich bereits ein Working-Holiday-Visum in Anspruch genommen hatte, hätte ich nur noch ein Touristenvisum für drei Monate beantragen können. Also entschied ich mich für die nächstbeste Option: ein Working Holiday in Neuseeland.«

Wie sah deine Reise aus? »Ich bin in Sydney gestartet und drei Monate lang mit einem Hop-On-/Hop-Off-Bus entlang der Ostküste Richtung Norden nach Cairns gereist. Danach ging es weiter nach Auckland, ich habe ein Auto gekauft und die Nordinsel erkundet. Danach habe ich die Fähre zur Südinsel genommen und dort eine Rundreise gemacht, bis mir langsam das Geld ausging. Dann suchte ich mir einen Job.«

Wie hoch war dein Budget und wie hast du gespart? »Nach meinem Studium habe ich in Kinos gejobbt und möglichst viel gearbeitet. Als ich 8 000 Euro hatte, bin ich losgezogen.«

War Australien noch so, wie du es in Erinnerung hattest? »Als ich ankam, fühlte ich mich ziemlich verloren. Es brauchte Zeit, bis ich wieder reinkam in den Reise-Flow. Ich hatte irgendwie keine Lust, andere Leute anzuquatschen. Nach einer Woche bin ich von Sydney aus losgefahren, danach wurde es zum Glück besser, aber es dauerte noch eine Weile, bis mir das Reisen wieder wirklich Spaß machte.«

Und wie war Neuseeland? »Hier habe ich auch gebraucht, um mich einzufinden. Als ich das Auto hatte, war es super. Mit dem Auto unterwegs zu sein, ist so ein krasses Gefühl von Freiheit.«

Wie hast du Arbeit gesucht? »Ich fand die Vorstellung cool, auf einem Boot zu arbeiten, also habe ich in Nelson einen Basic-Safety-Training-Kurs absolviert, was international der Standard ist. Danach habe ich nach Booten in Neuseeland gegoogelt und stieß dabei auf den Milford Sound. Zu dem Zeitpunkt befand ich mich in Queenstown und stellte fest, dass es nur dreieinhalb Stunden entfernt war, was für neuseeländische Verhältnisse nicht weit ist. Also bin ich hingefahren. Allein bei der Fahrt habe ich mich sofort in die Region verliebt. Die Landschaft war unbeschreiblich schön! So was Schönes hatte ich noch nie gesehen. Ich war fest entschlossen: Hier will ich arbeiten. In dem gleichnamigen Dorf fuhr ich zum Hafen, dort haben alle Bootsfirmen ein Büro, also habe ich angeklopft, um mich nach Arbeit umzuhören. Ich hatte Glück, dass mein späterer Chef Will da war, sodass wir direkt ein kleines Vorstellungsgespräch führten. Allerdings hatte die Wintersaison begonnen, insofern war es echt die falsche Jahreszeit, um Arbeit zu suchen. Aber Will sagte zum Glück nicht gleich Nein, sondern bat mich, in Kürze noch mal anzurufen, damit er mir Bescheid geben könne.«

Was hast du dann gemacht? »Mir ging das Geld aus, so habe ich auf einem Bauernhof gegen Kost und Logis gearbeitet. Und ich habe Will wöchentlich angerufen, um nachzufragen. Die Beharrlichkeit zahlte sich aus, denn nach einem Monat bekam ich einen Job als Crew-Mitglied von Real Journeys auf einem Touristenboot.«

MAN BEREUT NUR DIE DINGE, DIE MAN NICHT GETAN HAT

Und plötzlich hast du an einem der schönsten Orte der Welt gearbeitet. »Das war der Hammer. Man wohnt in Milford Sound im Nationalpark, wo es keine Geschäfte gibt, keinen Handyempfang, kein Internet. Das heißt, man muss zusammenrücken und selbst Filmabende und Feiern organisieren. Langweilig war es nie. Allein durch die Natur wird man zum Outdoor-Fan. Jeden Abend haben wir Lagerfeuer gemacht und an freien Nachmittagen Wanderungen durch den Regenwald unternommen.«

Wie war die Arbeit selbst? »Auf einem Touristenboot zu arbeiten, war keine besondere Herausforderung, aber die Gegend war superschön. Morgens bereiteten wir die Lunch-Pakete vor und danach ging es an Bord. Es fanden drei Rundfahrten pro Tag statt. Ich habe zehn Tage am Stück gearbeitet und hatte vier Tage frei. Oft habe ich mich dann ins Auto gesetzt und einen Roadtrip gemacht.«

Letztlich hast du zweieinhalb Jahre in Milford Sound gewohnt. »Ja, mein Visum lief in der Hochsaison aus, insofern habe ich mich gefreut, als mein Chef mich sponsern wollte, damit ich eine Verlängerung bekomme. Aber nach zweieinhalb Jahren habe ich dann doch die berufliche Herausforderung vermisst. Es wurde Zeit für etwas Neues. Jetzt arbeite ich eine Saison lang auf einer Megajacht im Mittelmeer. Das ist gut bezahlt, aber ich möchte diese Arbeit nicht länger machen. Danach gehe ich wahrscheinlich nach Kanada. In meinem Alter kann ich dort noch ein Working-Holiday-Visum beantragen, das will ich ausnutzen!«

Hast du einen Tipp für reiselustige Leser? »Man bereut nur Dinge, die man nicht getan hat. Lass dich auf das Abenteuer ein und mach, worauf du Lust hast. Geld verdienen kannst du später noch.«

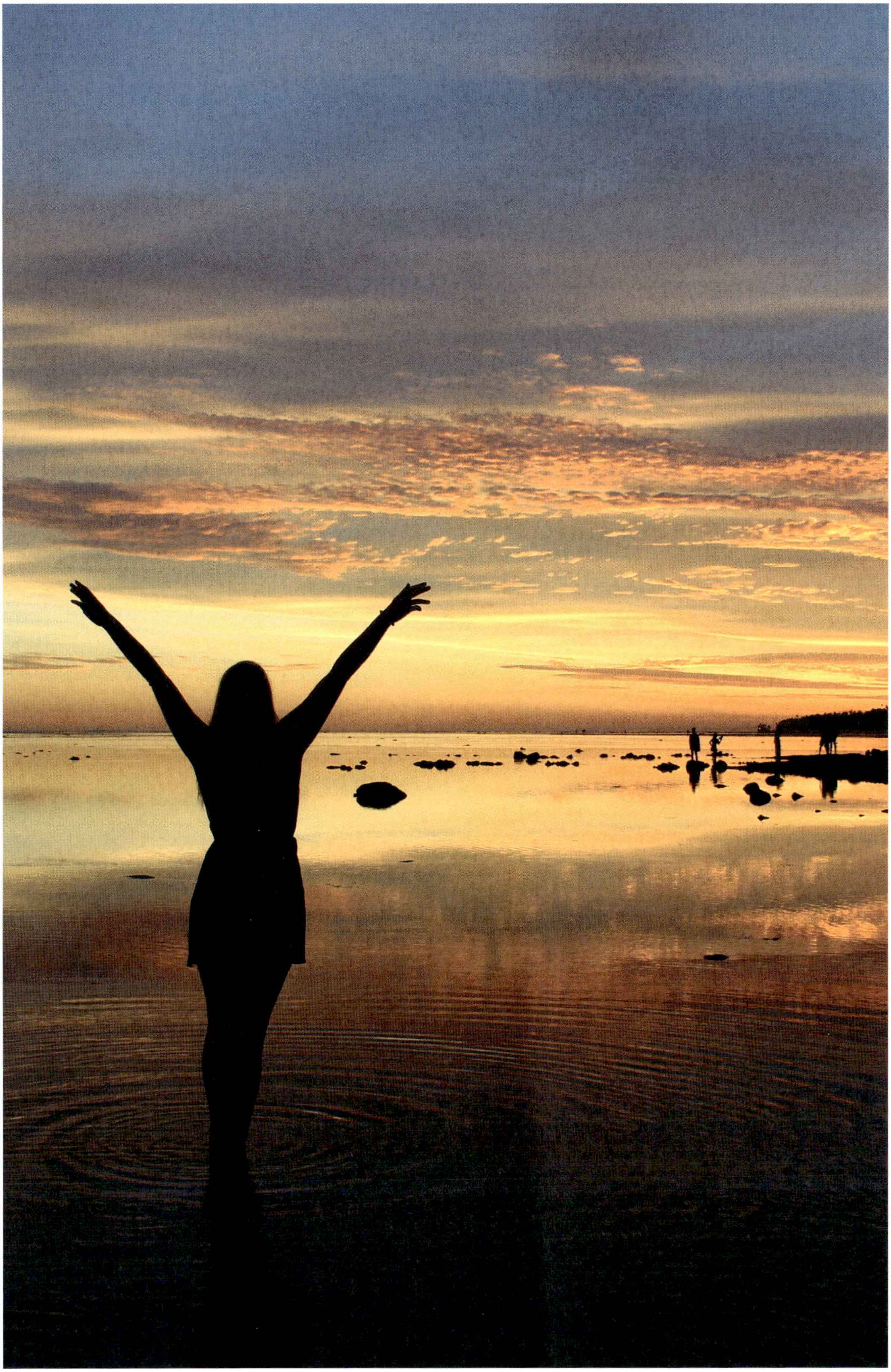

ENTDECKUNGEN VON ZU HAUSE AUS

Tipps, um deiner Reiselust auch hierzulande nachzugehen

// Begib dich auf **Entdeckungstour durch deine Region**. Wetten, dass es viele schöne Flecken gibt, die du noch nicht kennst?

// **Setz dich mittags in ein Café** und lass dein Handy aus, um einfach mal die Leute zu beobachten und mit fremden Menschen ins Gespräch zu kommen.

// Melde dich in der Stadtbibliothek an und durchstöbere die **Reisebuchabteilung**.

// Besuch das **Museum Fünf Kontinente** in München, das **Ethnologische Museum in Berlin**, das **Weltmuseum in Wien** oder das **Museum der Kulturen in Basel** und lerne Wissenswertes über fremde Kulturen.

// **Probiere ein neues Restaurant** aus und entscheide dich für eine Länderküche, die du noch nie gekostet hast.

// Deine Heimat ist dir nicht abenteuerlich genug? Dann unternimm eine **Wattwanderung mit Führer** auf den Nordseeinseln, erklimme die steilen Felsen im **Nationalpark Sächsische Schweiz** oder geh auf **Safari im Serengeti-Park in Hodenhagen, im Safaripark Gänserndorf bei Wien** oder auf **Alpen-Safari in Graubünden**.

RECHERCHELISTE
Praktische Websites, Apps und mehr

ALLGEMEINES
rausvonzuhaus.de – gute Überblicksseite der EU
wege-ins-ausland.de – gute Seite zur Orientierung

RUNDREISEN
auswaertiges-amt.de – aktuelle Reisewarnungen für sämtliche Länder sowie Infos zu Visa, Impfungen etc.
lonelyplanet.com & lonelyplanet.de – Reiseinformationen und Inspiration

STUDIEREN & KURSE
auslandslust.de – Infos zur Förderung von Auslandspraktika
ef.de und sprachreisen.de – EF und iST zählen zu den größten Anbietern von Sprachreisen, Schüler- und Studienaustauschen, Work and Travel, Auslandspraktika und Au-pair-Vermittlung.
eu.daad.de – Erasmus ist das Austauschprogramm der EU, das Studierenden ein Stipendium anbietet, die ein Semester oder länger im Ausland studieren wollen.
fulbright.de – Möglichkeiten kostenlos eine Sommerakademie an einer amerikanischen Uni zu besuchen
stipendienlotse.de – Stipendien-Datenbank des BMBF (Bundesministerium für Bildung und Forschung)

ARBEITEN, PRAKTIKA UND FREIWILLIGENARBEIT
anyworkanywhere.com – Saisonarbeit weltweit
aupair.com & aupairworld.com – Au-pair-Stellen
freiwilligenarbeit.de/freiwilligenarbeit-mit-kindern.html – Infos über Risiken bei Freiwilligenprojekten mit Kindern sowie nachhaltiges Volunteering
theteflacademy.com/ – Portal für Praktika, Jobs und Freiwilligenarbeit mit TEFL-Zertifikat
wegweiser-freiwilligenarbeit.com – seriöse Freiwilligenprojekte
workaway.info – Homestays, wo du für ein paar Stunden Arbeit pro Tag Kost und Logis bekommst

worldscholarshipforum.com/de/best-tefl-certification-online – Übersicht über die besten Online-Anbieter eines TEFL-Zertifikats (Teaching English as a Foreign Language), mit dem du im Ausland unterrichten kannst. Es gibt auch viele Organisationen, die TEFL-Kurse vor Ort anbieten: teflcoursereview.com ist hierfür eine gute Anlaufstelle.
wwoof.net – Freiwilligenarbeit auf Bio-Bauernhöfen
yacrew.com – Plattform für Crew-Jobs auf Jachten

ÜBERNACHTUNGEN
airbnb.de – größte Plattform für private Apartments
booking.com – größte Plattform für Hotels, Ferienhäuser etc.
couchsurfing.com – kostenlos bei Locals übernachten
homeexchange.com – größte Plattform zum Häusertausch
hostelworld.com – größte Plattform für Hostels
nomador.com – größte Plattform für House Sitting
tripadvisor.de – eine der größten Vergleichsplattformen u. a. für Unterkünfte

TRANSPORT & FLÜGE
backpackinghacks.de/around-the-world-ticket/ – Infos rund um das Around-the-World-Ticket
interrail.eu – Interrailpass für Zugreisen in Europa
kilroy.net – Angebots- und Beratungsseite für Backpacker- und Gruppenreisen sowie Studium im Ausland
market.southpole.com – zum Kompensieren des CO_2-Ausstoßes deiner Reise
onwardticket.com – Hier kannst du ein Weiterreiseticket buchen, um durch den Zoll zu kommen.
rome2rio.com – Routenvorschläge für öffentliche Verkehrsmittel weltweit
skyscanner.de & momondo.de – Vergleichen von Flugpreisen und Einstellen eines Preisalarms

FOREN & FACEBOOKGRUPPEN

forums.nomadicmatt.com – Reiseforum von einem der größten Reiseblogs der Welt

lonelyplanet.com/thorntree – eines der ältesten und größten Reiseforen Reisegruppen auf Facebook für all deine Fragen:

- **Travelling USA** (über 100 000 Mitglieder) und **Canada Backpackers** (über 20 000 Mitglieder)
- **Backpacking Central America** (über 20 000 Mitglieder), **Backpacking South America** (über 50 000 Mitglieder) & **Reisen durch Mittel- und Südamerika** (über 8 000 Mitglieder; deutschsprachig)
- **Backpacking Europe** (über 50 000 Mitglieder)
- **Backpacking Africa** (über 10 000 Mitglieder)
- **Südostasien Backpacker** (über 10 000 Mitglieder), **Thailand Backpacker 2020/2021** (über 20 000 Mitglieder), beide deutschsprachig
- **Australia Backpackers** (über 100 000 Mitglieder) & **Germans living in Australia**
- **Neuseeland Work and Travel – Backpacker** (über 30 000 Mitglieder) & **Deutsche in Neuseeland – Germans in New Zealand** (über 3 000 Mitglieder), beide deutschsprachig

PRAKTISCHE APPS

bSafe – Sicherheits-App, mit der du mit einer Person deinen Aufenthaltsort teilen kannst

Erste Hilfe DRK – App des Deutschen Roten Kreuzes mit Anleitungen, was bei medizinischen Notfällen zu tun ist

Google Translate – 59 Sprachen ohne Internetverbindung übersetzen

Guides – gratis herunterladbare Städteführer von Lonely Planet

Maps.Me – Offline-Karten

Polarsteps – tolle App, mit der man die eigene Route kinderleicht tracken und ein Reisetagebuch anlegen kann

TripIt – Übersicht über Buchungen erstellen

Uber – Taxis in 63 Ländern

XE Currency – Echtzeit-Wechselkurse und praktischer Rechner

VISA

canada.ca – zum Beantragen eines eTA für Kanada oder Working-Holiday-Visums (genauer Pfad: www.canada.ca/en/immigration-refugees-citizenship/services/work-canada/iec.html)
esta.cbp.dhs.gov – zum Beantragen eines ESTA für die USA
travel.state.gov – Antragstellung für ein Visum für die USA
www.evisa.gov.tr/de/apply/ – Antragstellung für ein Visum für die Türkei
visa.kdmid.ru – Antragstellung für ein Visum für Russland
immigration.govt.nz/new-zealand-visas – Infos über Visa für Neuseeland
immi.homeaffairs.gov.au/visas – Infos über die verschiedenen Visa-Möglichkeiten für Australien

Die Länder Afrikas und Asiens sind hier nicht aufgeführt, weil für jedes Land andere Regeln gelten. Für viele dieser Länder kann es sich lohnen, einen Visum-Vermittler zu beauftragen, etwa **visumcentrale.de** oder **visum.de**.

Hinweis: Google immer rechtzeitig vor deiner Abreise die Visumbestimmungen deines Reiseziels, denn die ändern sich häufig!

Dieses Buch ist mit aller Sorgfalt zusammengestellt, aber es kann sein, dass sich ein Fehler im Text eingeschlichen hat oder sich nach Veröffentlichung manche Daten geändert haben. Informiere dich deshalb immer über die aktuellen Reisehinweise für das betreffende Land.

DANKE FÜRS LESEN MEINES ERSTEN BUCHES!

So lange ich denken kann, war es mein größter Traum gewesen, ein Buch zu schreiben. Ich bin Kosmos Uitgevers und besonders Hans Koenen unendlich dankbar, dass sie dieses Abenteuer gemeinsam mit mir eingegangen sind. Ohne meine fantastische Redakteurin Levi van der Veur und die Top-Illustratorin Femke den Hertog wäre dieses Buch nicht so vielfältig geworden. Vielen Dank!

Außerdem möchte ich dem Knesebeck Verlag dafür danken, dass er an mein Buch geglaubt hat, und das in Zeiten, in denen Reisen alles andere als selbstverständlich ist. Danke für diese wahnsinnige Chance, das Buch auf Deutsch herauszubringen, und ebenfalls danke an die Übersetzerin Janine Malz, die Lektorin Franziska Sorgenfrei, die Projektleiterin Anja Sommerfeld und den Umschlaggestalter Fabian Arnet!

Schreiben ist ein einsamer Prozess, insofern bin ich allen Reisenden, die ich für dieses Buch interviewen durfte, unglaublich dankbar. Eure Geschichten über all eure spannenden Reisen haben mich beim Schreiben enorm inspiriert. Liesbeth, Cathelijn, Tom, Marloes, Fareeda, Esmay, Anne, Oscar, Floor und Roel, Charlotte, Joshua, Mohsin, Lisa, Roëll, Daan, Laura und Lineke – Thanks a Million!

Meinem liebsten Reisepartner Jurrien: tausend Dank fürs Mitstaunen von Anfang an und für deine phänomenalen Fotos. Dank auch meinen lieben Freunden, meiner Familie und Ex-Kollegen, die mir monatelang geduldig zuhörten, wenn ich mal wieder vom Buch erzählte, und mich immer wieder unterstützt haben.

Zuletzt möchte ich mich bei meiner Mutter bedanken. Danke für deinen felsenfesten Glauben an mich und dafür, dass dir keiner meiner Reisepläne zu verrückt war.

BILDNACHWEIS

Alle Fotos in diesem Buch stammen von Sara van Geloven, ihrem Partner und Reisefotografen Jurrien Veenstra sowie ihren Freunden Roel Vogel und Floor Ploeg, mit ein paar Ausnahmen: Die Begleitfotos zu den Interviews stammen von den Interviewten selbst, das Porträtfoto von Cathelijn auf Seite 33 stammt von Hugo Duyvestyn, das Porträtfoto von Esmay auf Seite 77 von Anouk Fotografeert und das von Charlotte auf Seite 122 stammt von Elke Verbruggen Fotografie. Des Weiteren liegt das Copyright für das Foto auf Seite 36 bei littlenystock / Shutterstock, das von Seite 60 bei Sophie Dover / Shutterstock und das von Seite 65 bei Femke den Hertog.